PETER UNRUH

Kant und der Weltföderalismus

Wissenschaftliche Abhandlungen und Reden
zur Philosophie, Politik und Geistesgeschichte

Band 104

Kant und der Weltföderalismus

Zur Grundlegung und Aktualität von Kants global-politischer Philosophie

Von

Peter Unruh

Duncker & Humblot · Berlin

Bibliografische Information der Deutschen Nationalbibliothek

Die Deutsche Nationalbibliothek verzeichnet diese Publikation in der Deutschen Nationalbibliografie; detaillierte bibliografische Daten sind im Internet über http://dnb.d-nb.de abrufbar.

Satz: Fotosatz Voigt, Berlin
Druck: CPI buchbücher.de gmbh, Birkach
Printed in Germany

ISSN 0935-5200
ISBN 978-3-428-18368-5 (Print)
ISBN 978-3-428-58368-3 (E-Book)

Gedruckt auf alterungsbeständigem (säurefreiem) Papier
entsprechend ISO 9706 ♾

Internet: http://www.duncker-humblot.de

Vorwort

Mit Kant zu denken, überhaupt mit Kant denken zu lernen, bleibt eine lebenslange Aufgabe; über ihn zu schreiben bedeutet Lust und Bürde zugleich. Die Lust besteht zunächst in dem Bewusstsein, gedanklich zumindest am Rockzipfel eines großen Geistes zu hängen. In geglückten Momenten kommt die Zuversicht (Hybris?) hinzu, das weit ausgreifende Denkvermögen Kants und seine unverminderte Aktualität ermessen und in eigene Worte fassen zu können. Als Bürde lastet das Gewicht aller zuvor und von berufener Seite unternommenen Versuche, Kant zu verstehen und seine Gedanken für die jeweilige Zeit fruchtbar zu machen, auch auf der vorliegenden Untersuchung. Mehr als ein bescheidener Beitrag zum Verständnis seiner global-politischen Philosophie kann und soll damit nicht geleistet werden.

Den unmittelbaren Anlass und den Nucleus des Vorliegenden bildet ein Vortrag, den ich unter dem gleichnamigen Titel im November 2020 an der Nordakademie Elmshorn im Rahmen des dortigen „Forum Politik und Wirtschaft" halten durfte. Die Einladung sowie konstruktiv-kritische Hinweise zum Vortrag verdanke ich Herrn Senator a. D. Reinhard Ueberhorst. Das digitale Format des Vortrags und der Diskussion ermöglichte auch die bundesweite Teilnahme; allen Diskutant*innen habe ich für zahlreiche Anmerkungen zu danken.

Für vorlaufende Gespräche, Gedankenschärfung und für Vieles mehr danke ich den Kollegen und Freunden Prof. Dr. Karl-Eberhard Hain und Prof. Dr. Utz Schliesky. Für das Korrekturlesen habe ich Frau stud. iur. et phil. Meret Unruh, die auch schwer „bekömmliche" Literatur beschafft hat, und stud. iur. Bendix Unruh zu danken. Für Fehler und Unzulänglichkeiten bin ich jedoch allein verantwortlich.

Das Sponsoring des vom Verlag eingeforderten Druckkostenzuschusses hat mein Vater Manfred Unruh übernommen, dem ich ebenfalls weit über das Erwähnte hinaus danken möchte.

Schließlich, aber nicht zuletzt und auch über alles Sagbare hinaus danke ich meiner Frau Anke Dominik-Unruh für Ihre Geduld und ihr Verständnis, wenn ich mich gerade an den Abenden und Wochenenden mit und in meinen Büchern verkrochen habe.

Heikendorf, im April 2021 *Peter Unruh*

Inhaltsverzeichnis

A. Hinführung

Was ist und zu welchem Ende traktiert man das Thema „Kant und der Weltföderalismus“? Vordergründig betrachtet scheinen auf den beiden Seiten der titelgebenden Konjunktion inkommensurable Größen zu stehen. Immerhin stammen die maßgeblichen Arbeiten des preußischen Philosophen, der die Umgebung von Königsberg nie verlassen hat, vom Ende des 18. Jahrhunderts.[1] Ihre Entstehung liegt daher schon deutlich über 200 Jahre zurück und damit weit in der Vergangenheit. Wie sollten derart alte Texte eine Orientierung für die Gegenwart oder gar die Zukunft geben? Andererseits weist der Begriff des Weltföderalismus jedenfalls noch keine Entsprechung in der Realität auf. Jenseits aller Begriffsbestimmung und Bewertung kann er sich nur auf etwas beziehen, das in der Zukunft liegt. Wie und warum sind also Kant und der Weltföderalismus, Vergangenheit und Zukunft sinnvoll zueinander zu bringen? Ein Blick auf zwei weitere Begriffsverbindungen kann Aufschluss bieten.

I. Globalisierung und Weltföderalismus

Der Begriff „Weltföderalismus“ bezeichnet ganz allgemein, d.h. vor jeder inhaltlichen Konkretion ein weltumspannendes politisches Organisationsprinzip. Im juristischen Kontext bezeichnet der Begriff des Föderalismus – jenseits aller Begriffsstreitigkeiten im Übrigen – ein Organisationsprinzip, demzufolge sich Staaten zu einer übergeordneten Einheit zusammenschließen.[2] In Bundesstaaten – wie etwa der Bundesrepublik Deutsch-

[1] Zum Königsberg-zentrierten Leben Immanuel Kants siehe u.a. *Kühn*, passim; *Geier*, passim; und *Weis*, passim.

[2] Zum Begriff des Föderalismus siehe u.a. *Lerche*, S. 66 ff.; *Kielmannsegg*, in: Berliner Kommentar zum Grundgesetz, Art. 20, Rn. 109 ff.; *Greszick*, in: Huber/Voßkuhle/Maunz/Dürig/Herzog, Grundgesetz. Kommentar, Art. 20, Rn. 17 ff.; *Isensee*, S. 3 ff., und *Sturm/Zimmermann*-

land – weist er auf die Eigenständigkeit der Gliedstaaten hin.[3] Der Begriff des Weltföderalismus transformiert dieses Prinzip auf die globale Ebene.[4]

Warum lohnt es sich, warum ist es sogar zwingend, sich über ein so weitreichendes Prinzip Gedanken zu machen? Die Antwort liegt in dem bedeutungsschweren Satz, den der seinerzeit noch wohlgelittene Kabarettist Uwe Steimle alias Kommissar Hinrichs in einer Folge der Serie Polizeiruf 110 in der Mitte der 1990'er Jahre mit leicht resignativem Unterton fallen ließ: „Die Welt ist so global geworden." Mit anderen Worten: Die Globalisierung zwingt dazu, über den Horizont der aktuellen politischen Landschaft hinaus zu blicken und neue bzw. der Situation angepasste Modelle politischer Organisation – wie etwa den „Weltföderalismus" – zu entwerfen.

1. Begriff und Dimensionen der Globalisierung

Nun gibt es ein Bewusstsein von der „Globalität der Welt" nicht erst seit der jüngsten Jahrtausendwende.[5] Bereits die griechische Antike reflektierte den Kosmos als gemeinsamen Lebensraum der Menschen[6], und der Kyniker Diogenes von Sinope antwortete bekanntlich schon im vierten vorchristlichen Jahrhundert auf die Frage nach seinem Herkunftsland: „Ich bin Kosmopolit."[7] Der antik-päpstliche Segensspruch urbi et orbi,

---

Steinhart, S. 14 ff. Zu weiteren Begriffsdimensionen und deren Herkunft siehe *Deuerlein,* S. 11 ff.

3 Vgl. *Sommermann,* in: v. Mangoldt/Klein/Starck, Art. 20, Rn. 29, und *Unruh*: Der Verfassungsbegriff des Grundgesetzes, S. 564 ff. m. w. N. Zur konkreten Ausgestaltung in der Bundesrepublik Deutschland siehe u. a. *Sturm,* S. 53 ff.

4 Zum Föderalismus in internationaler Perspektive siehe insbesondere *Bülck,* S. 1 ff.

5 Dazu u. a. *Osterhammel/Petersson,* S. 26 ff.; *Reder*: Globalisierung und Philosophie, S. 8 ff., und *Krell/Schlotter,* S. 36 ff.

6 Vgl. *Coulmas,* S. 28 ff., und *Reder*: Globalisierung und Philosophie, S. 14 f.

7 Siehe *Diogenes Laertios,* S. 277. Die Bedeutung dieser Anekdote würdigt *Nussbaum*: Kosmopolitismus, S. 7: „Von diesem Moment, so fik-

die „Globalisierung vor der Globalisierung“ im Mittelalter[8], der älteste erhaltene Globus aus dem Nürnberg des 16. Jahrhunderts sowie die ersten realen Bilder des blauen Planeten aus dem Weltraum aus den 1960'er Jahren[9] haben – natürlich neben vielen anderen Phänomenen – über die Jahrhunderte hinweg die auch in der (philosophischen) Literatur reflektierte Erkenntnis befördert, dass die Erde das gemeinschaftliche Biotop der Menschheit bzw. ihren universalen Handlungsrahmen bildet.

Auch angesichts dieser historischen Reminiszenzen führt bei der Beschreibung der aktuellen Weltlage kein Weg an der Einsicht vorbei, dass „wir ... in die Epoche der Globalisierung eingetreten“ sind.[10] Der Begriff der Globalisierung gehört allerdings mit Sicherheit zu den am meisten *ge-* und gelegentlich auch *miss*brauchten, selten definierten, dabei aber sehr wirkungsvollen Schlagworten der letzten Jahre, u.zw. mit anhaltender Tendenz.[11] Auf den kleinsten gemeinsamen Begriffsnenner gebracht bezeichnet der Begriff der Globalisierung „den Aufbau, die Verdichtung und die zunehmende Bedeutung weltweiter Vernetzung“.[12] Im Handwörterbuch der internationalen Politik, das

---

tiv er auch sein mag, könnte man sagen, er habe in der Philosophie des Abendlandes eine lange Tradition des kosmopolitischen Denkens eingeleitet.“ Sie wird auch erwähnt von *Kleingeld*: Kant and Cosmopolitism, S. 2, und mit Kants Kosmopolitismus kontrastiert; zu den Bedeutungsvarianten des Kosmopolitismusbegriffs ebd., S. 4.

8 *Menzel*: Was ist Globalisierung, S. 23 ff.

9 Vgl. *Safranski*, S. 13: „Die Mondlandung 1969 und der Blick aus dem Weltraum, vom Mond auf unseren blauen Planeten, ist wahrscheinlich die Geburtsstunde des modernen globalen Bewusstseins.“

10 *Osterhammel/Petersson*, S. 8. Deutlich auch *Safranski*, S. 15: „Wir leben in einem Zeitalter der Globalisierung, keine Frage.“ Ähnlich *Coulmas*, S. 471: „Der Planet, den der Mensch bewohnt, ist erstmals, seit die Erinnerung zurückreicht, zu einer historischen Einheit geworden ...“.

11 *Beck*: Was ist Globalisierung?, S. 42. Ähnlich *Varwick*, S. 148: „Kaum ein anderer Begriff der internationalen Beziehungen hat derart viele hitzige Debatten ausgelöst, Erklärungsansätze hervorgerufen und Missverständnisse erzeugt.“ Luzide Analyse des Begriffs und der Dimensionen der Globalisierung bei *Held*: Soziale Demokratie im globalen Zeitalter, S. 19 ff.

12 *Osterhammel/Petersson*, S. 24; ähnlich *Reder*: Globalisierung und Philosophie, S. 7: „... Verdichtung und Beschleunigung grenzüberschrei-

u. a. in der Schriftenreihe des Bundeszentrale für politische Bildung erscheint, wird Globalisierung beschrieben als „Prozess zunehmender Verbindungen zwischen Gesellschaften und Problembereichen dergestalt …, dass Ereignisse in einem Teil der Welt in zunehmendem Maße Gesellschaften und Problembereiche in anderen Teilen der Welt berühren.“[13]

Das Stichwort von den „Problembereichen“ verweist auf die verschiedenen Dimensionen der Globalisierung. Die Zahl dieser Problembereiche sowie die jeweilige Problembeschreibung differieren in den einschlägigen Darstellungen.[14] Unstrittig ist hingegen, dass die oder einzelne Dimensionen regional ungleichzeitig auftreten.[15] Im Bewusstsein der Angreifbarkeit jeder Aufzählung wird hier von einer Differenzierung in sieben Dimensionen ausgegangen, die hier (nur) in der gebotenen Kürze vorgestellt werden.

Besonders handgreiflich wird die weltweite Verdichtung der Verbindungen – *erstens* – im Bereich der *Ökonomie*.[16] Der Handel ist in bedeutendem Umfang zum Welthandel geworden. Er wird zudem zunehmend von sog. global players, d. h. transnationalen Großkonzernen, dominiert. Kapitalflüsse erstrecken sich über den gesamten Globus auf der Suche nach den jeweils größ-

---

tender Beziehungen in unterschiedlichsten Bereichen wie der Politik, Ökonomie oder Kultur.“ Siehe auch *K. Müller,* S. 8: „Jenseits politscher Stellungnahmen lässt sich Globalisierung als die raum-zeitliche Ausdehnung sozialer Praktiken über staatliche Grenzen, die Entstehung transnationaler Institutionen und Diffusion kultureller Muster beschreiben …“.

13 *Varwick,* S. 148. Zur historischen Dimension siehe u. a. *Figueroa,* S. 9 ff.

14 *Krell/Schlotter,* S. 37 f., geben zurecht „zu bedenken, dass der Globalisierungsprozess sektoral ungleichzeitig und die Intensität seines Einzugsbereichs regional oder von Staat zu Staat höchst ungleich, und vor allem, dass er nicht linear verläuft.“

15 Vgl. *Held*: Soziale Demokratie im globalen Zeitalter, S. 19: „Aufgrund der Ungleichzeitigkeit ihrer verschiedenen Dimensionen ist die Globalisierung alles andere als ein universeller Prozess, der sich überall auf der Welt auf die gleiche Weise manifestiert.“

16 Dazu u. a. *Varwick,* S. 150 ff.; *Krell/Schotter,* S. 97 ff., und *Rehbein/Schwengel,* S. 164 ff.

ten Renditen und die international vernetzten Finanzmärkte stellen die erforderliche Regulatorik der damit verbundenen Risiken vor eine große globale Herausforderung.[17] Die internationale Wirtschafts- und Finanzkrise von 2008/2009 hat das Risikopotential der globalisierten Wirtschaft nachdrücklich vor Augen geführt.

Nicht weniger augenfällig ist – zweitens – die globale Dimension der *Ökologie*.[18] Sie ist gekennzeichnet durch die Erkenntnis, dass Schadstoffemissionen nicht an staatlichen Grenzen haltmachen, so dass der Ort ihrer Entstehung nicht mehr identisch ist mit dem Ort der jeweiligen und unmittelbaren Betroffenheit. Ihre weltweite und steigende Akkumulation führt darüber hinaus zu dem Befund, dass die Belastungsfähigkeit des globalen Ökosystems an seine Grenzen kommt bzw. schon gekommen ist.

Eine dritte Dimension der Globalisierung kann mit dem Stichwort der globalen *Sicherheit* umschrieben werden.[19] Neben dem Krieg, der spätestens seit der ersten Hälfte des 20. Jahrhunderts globale Ausmaße annehmen kann, liefern die weltweit organisierte Kriminalität und der internationale Terrorismus Anlässe, das Problem der Gewalt auf die Ebene des Globalen zu heben.[20]

Im Zuge des *(kommunikations-)technischen Fortschritts* haben sich soziale, wirtschaftliche und politische Prozesse erheblich beschleunigt.[21] Die damit verbundene Gefahr der individuellen Entfremdung[22] wird begleitet von den der Digitalisierung innewohnenden Gefährdungen der individuellen Freiheit.[23] Die

---

17 Vgl. *K. Müller,* S. 10.

18 Dazu u. a. *Varwick,* S. 153 f., und *Neyer,* S. 115 ff.

19 Statt vieler *Höffe*: Demokratie im Zeitalter der Globalisierung, S. 16.

20 Vgl. *Neyer,* S. 96 ff. Zur organisierten Kriminalität siehe *Hecht,* S. 349; zum internationalen Terrorismus siehe *Hirschmann,* S. 228 ff.

21 Zum Begriff der sozialen Beschleunigung grundlegend *Rosa*: Beschleunigung, S. 112 ff.

22 Dazu nachdrücklich *Rosa*: Beschleunigung und Entfremdung, insbesondere S. 122 ff.

23 Dazu *Benner/Skierka,* S. 45 ff.

„digitale Souveränität“ sowohl des Individuums wie der Staaten ist aufgrund der grenzüberschreitenden und dezentralen Beschaffenheit des Internets sowie der global offenbar unaufhaltsamen Datenströme zu einer eigenständigen und vierten Dimension der Globalisierung geworden.[24] Sie macht den Datenschutz zu einem Thema, das weltweiter Standards bedarf.

Fünftens hat die zunehmende Verdichtung der weltweiten Beziehungen „Folgen für *Kulturen, Identitäten und Lebensstile*“.[25] Zwar ist eine totale Vereinheitlichung im Sinne einer rückstandslosen kulturellen Konvergenz (noch) nicht zu verzeichnen. Ferner lösen die globalen Verdichtungsprozesse auch „Prozesse der kulturellen und ideologischen Fragmentierung aus“.[26] Diese Gleichzeitigkeit von Homogenisierung und Heterogenisierung und auch der mit dem Begriff der „Glokalisierung“ bezeichnete Hinweis, dass globale Tendenzen stets einer lokalen Aneignung bedürfen, führen nicht an der Erkenntnis vorbei, dass der Globalisierung die Dimension eines weltweiten kulturellen Wandels zukommt.[27]

Eine sechste Dimension der Globalisierung besteht in der *Armut und globalen Ungleichheit*, die nicht nur, aber auch auf das Verhalten und die Verhältnisse in anderen Teilen der Welt zurückzuführen sind. Die globale soziale Gerechtigkeit wird zunehmend als globaler Problembereich wahrgenommen.[28] In diesen Kontext gehört auch das Thema der Migration, die ihre Ursachen zumindest partiell auch in der globalen Ungleichheit der Lebensverhältnisse hat.[29]

---

24 Dazu u.a. *Schliesky*: Funktionsverluste von Staatlichkeit, S. 18 ff. Zu den Herausforderungen der Digitalisierung siehe auch *Schliesky*: Legitimität, S. 62 ff.

25 *Varwick*, S. 153 (Hervorhebungen vom Verf.); zum Folgenden ebd.

26 *Varwick*, S. 153.

27 So wohl auch *Osterhammel/Petersson*, S. 12.

28 Zur globalen Verantwortung für das „durch schwere Armut verursachte Leid“, siehe *Hahn*, S. 33 ff. Grundlegend i.Ü. *Pogge*: World Poverty and Human Rights, passim.

29 Dazu u.a. *K. Müller*, S. 10 f.

Schließlich und siebtens ist auch eine Globalisierung der *Politik* festzustellen.[30] Dies gilt zunächst hinsichtlich der steigenden Bedeutung inter- und supranationaler Organisationsformen. Internationale bzw. intergouvernementale Organisationsformen lassen die Souveränität der beteiligten Staaten unangetastet; ein prominentes Beispiel liefert die UNO. In supranationalen Organisationsformen erfolgt zumindest eine partielle Übertragung von Hoheitsrechten auf die überstaatliche Ebene; prominentes Beispiel ist hier die EU.[31] Ferner und daran anknüpfend ist eine sektorale Ausdifferenzierung der inter- und supranationalen Politik in diversen grenzüberschreitenden Politikfeldern zu verzeichnen, von denen einige schon bei der Erörterung der anderen Dimensionen der Globalisierung genannt wurden. Prominente Beispiele liefern hier die Sicherheits-, die Umwelt- und die Finanzpolitik. Mit anderen Worten: „Die ehemalige anarchische globale Struktur … befindet sich in einem fortschreitenden Prozess der Zivilisierung und Verrechtlichung."[32] Schließlich ist zu konstatieren, dass sich seit einigen Jahrzehnten auch vermehrt nicht-staatliche Akteure auf der Bühne der politischen Steuerung befinden. Dazu zählen nationale und internationale Nicht-Regierungsorganisationen (NGOs; INGOs) ebenso wie globale Wirtschaftsunternehmen oder sonstige Interessenvertretungen.[33]

2. Die Folgen der Globalisierung

Unabhängig davon, ob die Globalisierung primär als Chance oder als Bedrohung begriffen wird, ist offenbar, dass sie die conditio humana in den letzten Dekaden grundlegend verändert

30 Dazu u.a. *Varwick*, S. 154 f.

31 Zum Begriff der Souveränität siehe den Überblick bei *Grimm*: Souveränitätsverlust?, S. 472 ff. Zum Begriff der Supranationalität im Kontext der EU siehe u.a. *Streinz*, Rn. 129 ff; *Oppermann*, Rn. 4 ff., und *Herdegen*, § 5 Rn. 9 ff. Allgemein zur Supranationalität siehe auch *Schliesky*: Souveränität und Legitimität von Herrschaftsgewalt, S. 389 ff., und *Schmitz*, passim.

32 *Neyer*, S. 17.

33 Vgl. *Held*: Soziale Demokratie im globalen Zeitalter, S. 121 ff.

hat.[34] Der Soziologe Ulrich Beck hat sie als „Metamorphose der Welt“ (so der Titel seines letzten, posthum erschienenen Buches) beschrieben. Die Globalisierung bewirke nicht nur eine Veränderung, sondern auch eine Metamorphose der (Lebens-) Welt: „Die ewigen Gewissheiten moderner Gesellschaften brechen weg, und etwas ganz und gar Neues tritt auf den Plan.“[35] Das Verblassen der Weltbilder bewirke eine „Kopernikanische Wende 2.0“.[36] Aus dieser Metamorphose gehe „ein vollständig anderer Typus, eine andere Realität, eine andere Art des In-der-Welt-Seins, der Weltsicht und des politischen Handelns“ hervor.[37]

Der allgemeine Paradigmenwechsel[38], der mit dieser Metamorphose der Welt im Zuge der Globalisierung verbunden ist, kann zunächst zu einer *individuellen* Überforderung führen. In diesem Zusammenhang schlägt Rüdiger Safranski vor, in den Wald der Globalisierung eine Lichtung zu schlagen und hier „Verhaltens- und Denkweisen zu pflegen, die zur globalistischen Hysterie nicht recht passen wollen: die Verlangsamung, den Eigensinn, den Ortssinn, das Abschalten, das Unerreichbar-Sein“.[39] Ob diese individuelle und individualistische Strategie trägt, kann dahinstehen, denn hier interessiert mehr die Frage:

---

34 Eine prägnante und erweiterte Zusammenfassung des Konsenses über das Phänomen der Globalisierung liefern *Rehbein/Schwengel,* S. 11: „Es kann als Konsens gelten, dass erstens am Zusammenwachsen der Welt kein Zweifel mehr besteht, dass zweitens die Welt schon seit Jahrtausenden Tendenzen zum Zusammenwachsen aufweist, dass drittens die Globalisierungsdebatten einen wichtigen Bestandteil der Globalisierung selbst darstellen, dass viertens sich verschiedene Stränge und Bereiche von Globalisierung unterscheiden und dass fünftens die transnationalen Zusammenhänge und Ströme neue Formen sozialer und politischer Aushandlung erfordern.“ Einen möglichen Überblick über die Folgen der Globalisierung liefert zudem *Koch,* S. 89 ff.

35 *Beck*: Die Metamorphose der Welt, S. 15.

36 *Beck*: Die Metamorphose der Welt, S. 18.

37 *Beck*: Die Metamorphose der Welt, S. 19.

38 Zum Begriff des Paradigmenwechsels siehe grundlegend *Kuhn,* S. 57 ff.

39 *Safranski,* S. 110 f.

Welche *politischen* Gewissheiten gehen in der Globalisierung verloren? Was ist das Ziel der Metamorphose?

Jenseits aller Debatten um den Begriff, die Dimensionen und die Folgen der Globalisierung herrscht Einigkeit in der Folgeneinschätzung, dass der Nationalstaat angesichts der globalen Problemfelder seiner Problemlösungs- und Steuerungsfunktion im Rahmen der staatstheoretischen Trias von Staatsvolk, Staatsgebiet und Staatsgewalt nicht mehr nachkommen kann.[40] Das politische Paradigma der (vollständigen) nationalstaatlichen Souveränität wird massiv in Frage gestellt und zugleich ein „methodischer Kosmopolitismus“ angemahnt, der anerkennt, dass die politischen Handlungserfordernisse und -spielräume nunmehr und künftig und überwiegend globaler Natur sind. Mit den emphatischen Worten von Ulrich Beck lässt sich dieser Befund wie folgt umschreiben: „Die Erde dreht sich nicht um die Nationen (egal welche), sondern die Nationen kreisen um die neuen Fixsterne ‚Welt‘ und ‚Menschheit‘. … Aus kosmopolitischer Sicht erscheint das nationalstaatszentrierte Weltbild als von der Geschichte überholt.“[41] Vor diesem Hintergrund wirken die jedenfalls im ersten Viertel des 21. Jahrhunderts zu beobachtenden Tendenzen einer Abkehr von inter- und supranationalen Zusammenschlüssen zugunsten einer Stärkung der nationalstaatlichen Souveränität und Identität nach innen und

---

40 Statt vieler *Reinhard*, S. 26; *Varwick*, S. 148; *Beck*: Was ist Globalisierung?, S. 23, und *Neyer*, S. 34. Deutlich auch *Osterhammel/Petersson*, S. 11: „Wenn es ein allgemeines Einverständnis unter den Autoren der unterschiedlichsten Richtungen gibt, dass liegt es in der Annahme, Globalisierung stelle die Bedeutung des Nationalstaates in Frage …“. Zur Trias von Staatsgebiet, Staatsvolk und Staatsgewalt grundlegend *Jellinek*, S. 394 ff. Allgemein zu Funktionsverlusten der Staatlichkeit siehe *Schliesky*: Das Ende des Staates?, S. 4 ff., und *ders.*: Funktionsverluste der Staatlichkeit, S. 8 ff. Differenzierte Betrachtung auch bei *Thiele*, S. 267 ff.

41 *Beck*: Die Metamorphose der Welt, S. 18 f. Siehe auch *Held*: Soziale Demokratie im globalen Zeitalter, S. 141: „Unter den Bedingungen der Globalisierung verändert sich das Verhältnis von Souveränität, Territorialprinzip und politischer Macht – sie sind nicht länger untrennbar miteinander verbunden.“ Zum Begriff des Kosmopolitismus siehe auch *Letteval*, S. 13 ff.

außen geradezu paradox.[42] Wohlgemerkt: Auch bei Beck sind es immerhin noch die Nationalstaaten, die kreisen. Die Globalisierung führt nicht notwendig zu einer Pulverisierung der Einzelstaatlichkeit im neuen Paradigma einer globalen politischer Organisation.[43] Der Nationalstaat wird auch unter den Bedingungen der Globalisierung als Element der Selbstorganisation der Freien und Gleichen gebraucht.[44] Gegen die verbreitete These vom Bedeutungsverlust des Staates in der Globalisierung bis hin zur Entstaatlichung lassen sich zumindest drei Beobachtungen anführen.[45] Zunächst ist festzustellen, dass die Staaten nach wie vor die zentralen Akteure in der und für die Globalisierung sind. Die Globalisierung wurde und wird durch staatliche Politiken befördert. Ferner verbleiben (zumindest noch) elementare Staatsaufgaben und -funktionen auch im Kontext der Globalisierung im Zuständigkeitsbereich des Staates. Dies gilt etwa für Demokratie und Rechtsstaatlichkeit. Schließlich und drittens kann dem Staat eine strukturelle Wandlungsfähigkeit auch und gerade in Zeiten der Globalisierung nicht abgesprochen werden. Der Entstaatlichungsthese ist daher die Erkenntnis entgegenzusetzen, dass die Staaten „nach wie vor die Basiseinheiten der internationalen Ordnung“ bilden.[46] Ob damit zugleich die euphorische Rede von der „Staatsrenaissance“ gerechtfertigt ist, erscheint allerdings zweifelhaft.[47] In diesem Zusammenhang gilt

---

42 Eine luzide soziologische Aufbereitung dieser Paradoxie liefert *Bauman,* insbesondere S. 65 ff. (unter der treffenden Überschrift: „Zurück ans Stammesfeuer“), sowie das Fazit ebd., S. 195: Die gegenwärtige Herausforderung besteht „in nichts Geringerem als darin, zum allerersten Mal in der Geschichte der Menschheit Integration ohne vorausgehende Separation zu ermöglichen“.

43 Zur Erosion der Steuerungskraft demokratischer Verfassungsstaaten von innen siehe *Schliesky*: Der demokratische Verfassungsstaat in Gefahr, S. 5 ff.

44 Ebenso *Neyer,* S. 25. Skepsis hingegen bei *Reder*: Globalisierung und Philosophie, S. 17 ff.

45 Dazu statt vieler *Vasilache,* S. 465 ff.

46 *Grimm*: Souveränitätsverlust?, S. 478. Ähnlich u. a. *Krell/Schotter,* S. 100: „Die Einzelstaaten aber sind es, auf die jede nachhaltig und letztlich kosmopolitisch orientierte Politik angewiesen bleibt.“

47 Zur These von der Staatsrenaissance siehe u. a. *Voigt,* S. 494.

es auch zu bedenken, dass die bekannte und aktuell übliche politische Organisationsform des (National-)Staates „keineswegs der historische Normalfall ist. Staaten waren über viele Jahrhunderte keine Territorial- oder gar Nationalstaaten, sondern eher Stadtstaaten oder Imperien."[48] Eine Weiterentwicklung von der antiken Polis über die Feudalgebilde und die Territorial- bzw. Nationalstaaten hin zu einer global-politischen Organisationsform etwa in Gestalt des Weltföderalismus ist zumindest denkmöglich und liegt möglicherweise in der Konsequenz der historischen Entwicklung der politischen Vergesellschaftung des Menschen. Wenn und soweit aber akzeptiert wird, dass der Staat (jedenfalls noch) die sich herausbildende und aktiv zu gestaltende politische Struktur der Globalisierung (mit-)prägen wird, dann kann ein – näher zu beschreibendes – Konzept des Weltföderalismus zu einem attraktiven Modell global politischer Organisation werden – wenn es sich nicht sogar als unausweichlich erweist.[49]

II. Kant und die global-politische Philosophie

Warum und wie sollte Immanuel Kant bei der Suche nach einem solchen Konzept helfen können? Ein erstes Bedenken könnte lauten, dass der Königsberger Philosoph am Ende des 18. Jahrhunderts von den beschriebenen Dimensionen der Globalisierung im 21. Jahrhundert noch nichts hat ahnen können. Dieser Einwand trifft einerseits, u.zw. im Hinblick auf die konkreten Entwicklungen um die jüngste Jahrtausendwende, sicher zu. Andererseits war die Zunahme der weltweiten Verbindungen und Verflechtungen auch zu Kants Zeit schon wahrnehmbar und wurde von ihm auch wahrgenommen.[50] So kann er schon 1795 feststellen:

> „Da es nun mit der unter den Völkern der Erde einmal durchgängig überhand genommenen (engeren oder weiteren) Gemeinschaft so weit

[48] *Krell/Schotter*, S. 101.

[49] Zur Begründung dieser Option Siehe *Wendt*, S. 491 ff.

[50] Vgl. *Gerhardt*: Immanuel Kants Entwurf „Zum ewigen Frieden", S. 105.

> gekommen ist, dass die Rechtsverletzung an *einem* Platz der Erde an *allen* gefühlt wird: so ist die Idee eines Weltbürgerrechts keine phantastische und überspannte Vorstellungsart des Rechts, sondern eine notwendige Ergänzung des ungeschriebenen Kodex, sowohl des Staats- als Völkerrechts zum öffentlichen Menschenrechte überhaupt, und so zum Frieden, zu dem man sich in der kontinuierlichen Annäherung zu befinden nur unter dieser Bedingung schmeicheln darf."[51]

Aus diesen Ausführungen wird deutlich, dass Kant die Globalisierung als (schon seinerzeit) „epochales Grundproblem" erkennt und die Fragen nach dem Recht und der politischen Organisation in einen globalen Rahmen stellt.[52] Auch wenn Kant den Begriff „Globalisierung" nicht gebraucht, spielt das damit bezeichnete Phänomen in seiner Rechts- und Staatsphilosophie eine zentrale Rolle. Die konfliktträchtige Staatenvielfalt, die bereits weltweiten Handelsbeziehungen, der Kolonialismus und nicht zuletzt der universelle Anspruch der Prinzipien der Französischen Revolution waren für ihn und seine Zeit klare Anzeichen von Globalisierung, die nach einem „methodischen Kosmopolitismus" verlangten.[53] Diesem Erfordernis entsprach Kant in jeder Hinsicht: Seine Philosophie zeichnet sich durch einen „universalen Kosmopolitismus" aus, und auch in einem gesellschaftlichen Sinn kann er als „Weltbürger" bezeichnet werden.[54] Zugleich ist Kant in seiner Person und in seinem Denken ein Beispiel für die oft bezweifelte Vereinbarkeit von Kosmopolitismus und Loyalitäten bzw. Verpflichtungen gegenüber partikula-

---

51 *Kant*: Zum ewigen Frieden, WW XI, S. 216 f. (Hervorhebungen im Original).

52 Ebenso *Figueroa*, S. 124 (Zitat ebd.), und *Rademacher*, S. 63: Kant hielt „die Entwicklung einer globalen politischen Ordnungstheorie für eine Notwendigkeit, weil er die Unausweichlichkeit einer immer intensiveren Globalisierung erkannt hatte".

53 *Figueroa*, S. 124 f.

54 *Höffe*: Kants Kritik der praktischen Vernunft, S. 48 ff. Dies gilt auch für Kants Rechtsphilosophie; vgl. *Kleingeld*: Kant's theory of peace, S. 480: „Kant's theory of right is inherently cosmopolitan and includes not just a theory of the state, but also a theory of international right and cosmopolitan right." Zu Kants Kosmopolitismus siehe grundlegend *Kleingeld*: Kant and Cosmopolitism, passim.

ren Gruppen wie z. B. dem jeweils eigenen Staat. Für Kant sind egalitärer Kosmopolitismus und (Verfassungs-)„Patriotismus" vereinbar.[55]

Ein zweites Bedenken könnte sich aus dem Eindruck speisen, dass Kant doch vor allem aufgrund seiner Erkenntnis- und Moralphilosophie bekannt und als politischer Philosoph kaum in Erscheinung getreten sei. Während die Begrenzung des Wissens in der „Kritik der reinen Vernunft" und die Entfaltung des Kategorischen Imperativs der Moral in der „Kritik der praktischen Vernunft" von epochaler und fortwirkender Bedeutung seien, reichten doch seine Ausführungen zu Recht und Staat in der sperrigen Spätschrift zur „Metaphysik der Sitten" weder an die Tiefe der dortigen Gedanken noch an ihre Wirkmächtigkeit heran. Doch dieser Eindruck täuscht! Denn zum einen hat sich Kant ausweislich zahlreicher Reflexionen, Vorlesungen und Schriften schon früh mit der politischen Philosophie beschäftigt.[56] Zum anderen hat er mit dem vergleichsweise schmalen, aber gehaltvollen Traktat „Zum ewigen Frieden" eine Wegmarke gesetzt, die jede Reflexion auf die politische Philosophie auch und gerade in Zeiten der Globalisierung notwendig passieren muss.[57] Geschrieben unter dem Eindruck des Baseler Friedens vom 5. April 1795 zwischen Preußen und dem revolutionären Frankreich, dem Kants Sympathien galten, erschienen am 29. September 1795 in erster und dann schon 1796 in zweiter erweiterter Auflage, in viele Sprachen übersetzt, verfasst in der Form eines internationalen Friedensvertrages, erfahrungsgesattigt, begrifflich hochdifferenziert und informiert über die vor-

55 Noch stärker *Kleingeld*: Kant and Cosmopolitism, S. 19: „Kant goes even so far as to say that patriotism is a cosmopolitan duty." Zu Kants kosmopolitischem Patriotismus siehe ebd., S. 26 ff. Zur Verbindung von Kants Position mit dem Verfassungspatriotismus siehe *Riedel*, S. 331 ff., und *Cavallar*: Kant and the Theory and Practice of International Right, S. 132 ff. Zum Begriff des Verfassungspatriotismus siehe *J. W. Müller*, passim; insbesondere zur supranationalen Dimension ebd., S. 12 ff.

56 Dazu *Vorländer*: Kant und der Gedanke des Völkerbundes, S. 16.

57 Anschaulich auch *Patzig*, S. 12: „Bedeutende philosophische Texte haben es nun einmal an sich, auch überzeitliche, gegen historische Veränderungen invariante Elemente zu enthalten."

laufende Friedensdebatte bildet dieser Text – (nur) flankiert von den weiteren thematisch einschlägigen Schriften Kants – eine Art Wasserscheide der global-politischen Philosophie der Neuzeit.[58] Auf vergleichsweise wenigen Seiten, aber mit hoher Komplexität werden die Grundprinzipien der innerstaatlichen und globalen Organisation politischer Herrschaft skizziert, einschließlich des Entwurfes für ein weltföderalistisches System.[59] Die unmittelbare Wirkung der Schrift auf die Zeitgenossen war enorm; „Zum ewigen Frieden" avancierte zu einer der meistverkauften und zirkulierenden Schriften Kants.[60] Die Kurve ihrer Wirkungsgeschichte flachte zwar im national-euphorischen 19. Jahrhundert merklich ab, u. a. da prägende Denker von Hegel bis Nietzsche den Krieg verherrlichten.[61] Sie stieg aber nach

---

58 Zum historischen Hintergrund der Schrift siehe statt vieler *Höffe*: Einleitung, S. 1; *Busch*, S. XI ff.; *Hackel*, S. 17 ff., und *Patzig*, S. 12 ff. – Zu Kants Sympathie für die Französische Revolution siehe u. a. *Unruh*: Die Herrschaft der Vernunft, S. 39 ff.; *Moog*, S. 60 ff.; *Burg*, passim, und *Fetscher*: Immanuel Kant und die Französische Revolution, S. 269 ff. – Zum Status der Friedensschrift als Wasserscheide siehe auch *Gerhardt*: Immanuel Kants Entwurf „Zum ewigen Frieden", S. 232: „Kants Schrift markiert ... den Übergang von einer Politikkonzeption, die allein auf die internen Bedingungen eines Staates bezogen war, hin zu einem Politikverständnis, das die ökonomische, kulturelle und rechtliche Interdependenz des Staates zu den Funktionsbedingungen eines jeden politischen Handelns rechnet."

59 Vgl. nur *Brandt*: Historisch-kritische Beobachtungen zu Kants Friedensschrift, S. 34: „In dem Bergmassiv der kurzen Schrift vereinigen sich viele Gedankenschichten."

60 Überblick über die Rezeptionsgeschichte u. a. bei *Eberl/Niesen*, S. 306 ff.

61 Zur Wirkung der Friedensschrift im 19. Jahrhundert siehe u. a. *Höffe*: Einleitung, S. 14 ff. – Zu Hegels positiver Konnotation des Krieges siehe u. a. *Hegel*: Grundlinien der Philosophie des Rechts, S. 492 f. (§ 324): „Der Krieg als der Zustand, in welchem die Eitelkeit der zeitlichen Güter und Dinge, die sonst eine erbauliche Redensart zu sein pflegt, Ernst gemacht wird, ist hiermit das Moment, worin die Idealität des Besonderen ihr Recht erhält und Wirklichkeit wird; – er hat die höhere Bedeutung, dass durch ihn ... die ‚sittliche Gesundheit der Völker in ihrer Indifferenz gegen das Festwerden der endlichen Bestimmtheiten erhalten wird, wie die Bewegung der Winde die See vor der Fäulnis bewahrt, in welche sie eine dauernde Ruhe, wie die Völker ein dauernder oder gar ein

dem Ersten und dem Zweiten Weltkrieg wieder deutlich an, so dass heute mit einem maßgeblichen Kommentar zu dieser Schrift festgehalten werden kann: „Kaum ein Jurist, Philosoph oder Politikwissenschaftler formuliert heute eine Position zu Krieg und Frieden, zur Ausbreitung demokratischer Herrschaft, zu globalen Institutionen, zu Frieden und Menschenrechtsschutz oder zu kosmopolitischen Ansprüchen, ohne sich zumindest zu Kants Auffassungen in Beziehung zu setzen.“[62] Dies gilt in besonderer Weise in Zeiten und im Kontext der Globalisierung.[63] Sie verlangt nach einer freiheitlichen global-politischen Philosophie. Also: „Why, then, even bother with Kant's political theory? The short answer is this: because Kant is *the* philosopher of freedom, and the possibility of freedom is *the* political question par excellence.“[64]

III. Der (weitere) Gang der Überlegungen

Da das bzw. ein Konzept des Weltföderalismus als aussichtsreiche Antwort auf die Frage nach der Organisation politischer Herrschaft in Zeiten der Globalisierung gelten kann und Kants global-politische Philosophie ein solches Konzept bereithält, ergibt die Konjunktion „Kant und der Weltföderalismus“ Sinn und lohnt eine nähere Betrachtung.

Nach einem kursorischen Blick auf zwei Autoren, die Kants Ansatz in besonderer Weise inspiriert haben, und auf die allgemeinen Spezifika des Kantischen Ansatzes im Vergleich zu seinen Vorläufern (B.) wird – als Schwerpunkt der Untersuchung – Kants Theorie des Weltföderalismus analysiert (C.). Im An-

ewiger Friede, versetzen würde'.“ Ausdrücklich gegen Kants Friedensschrift ebd., S. 499 f. (§ 333).

62 *Eberl/Niesen*, S. 97. Zur Bedeutung der Friedensschrift für die Völkerrechtswissenschaft siehe u. a. *Hackel*, S. 11 ff.

63 Vgl. *Kleingeld*: Kant's theory of peace, S. 477. Siehe auch *Figueroa*, S. 124: „Kant gebraucht das Wort Globalisierung nicht, jedoch spielt diese Kategorie im Rahmen seiner als Rechts- und Staatsphilosophie aufgefassten politischen Philosophie eine zentrale Rolle.“

64 *Ellis*, S. 6 (Hervorhebungen im Original).

schluss werden Hinweise auf die Fortwirkung bzw. das aktuelle Anregungspotential der Kantischen Gedanken in der aktuellen politischen Philosophie und Praxis (D.) gegeben. Den Abschluss bilden Thesen zum künftigen Umgang mit den auf dem Weg gewonnenen Erkenntnissen (E.).

B. Kant und die Vorläufer

I. Vorbemerkung

Kant war – natürlich – nicht der erste, der sich dem Problem der global-politischen Philosophie zuwandte, zumal die „globale“ Dimension der Welt und ihrer Probleme im Grunde schon seit der Antike bekannt war. Umso erstaunlicher ist der Befund, dass weder Platon noch Aristoteles zumindest eine Theorie der gesamtgriechischen Poleis entworfen haben, obwohl zumindest Letzterer das „Weltreich“ Alexander des Großen vor Augen gehabt hat.[1] Auch der Kosmopolitismus der griechischen und römischen hat sich nicht in global-politischen Theorien niedergeschlagen.[2] In der Spätantike und weit darüber hinaus ist das Theorem des kosmischen Friedens von Augustinus wirkmächtig geworden.[3] Das Ideal des Mittelalters war dann die Verwirklichung des Gottesreiches auf Erden, wobei sich die Päpste und Kaiser in einem fortdauernden zähen Ringen um die universale Vorherrschaft befanden.[4] Für die päpstliche Seite ist der Traktat „De Ecclesiastica Potestate“ (1302) des Aegidius Romanus paradigmatisch.[5] Für den Kaiser als obersten und mit Zwangsgewalt versehenen Richter votiert hin-

---

1 Vgl. *Höffe*: Einleitung, S. 5 f. Zur Person und zum „Weltreich“ Alexanders des Großen siehe *Demandt*, passim.

2 Zum politischen Denken der Stoa siehe *Ottmann*, Band 1/2, S. 299 ff. Zum Einfluss des stoischen Denkens auf Kant siehe u.a. *Nussbaum*: Kant und stoisches Weltbürgertum, S. 25 ff.; *Kleingeld*: Kant and Cosmopolitism, S. 2 f., und *Rademacher*, S. 94 ff.

3 *Augustinus*, S. 546 (Buch XIX, 11): Das „Endziel des Gottesstaates“ wird „als Frieden im ewigen Leben oder ewiges Leben im Frieden“ bezeichnet. Dazu u.a. *Merle*, S. 19 f., und *Ottmann*, Band 2/2, S. 23 ff.

4 Vgl. *Mierau*, die S. 163 ff. von einer „bipolaren Weltordnung“ spricht.

5 Zum Traktat des Aegidius Romanus siehe grundlegend *F. Krüger*, passim.

gegen Dantes „Monarchia“ (zwischen 1308 und 1313).[6] Auch die Neuzeit hat eine Fülle von global-philosophischen Theorien hervorgebracht. Sie können hier – natürlich – nicht alle genannt und erläutert werden. Hinzuweisen ist etwa auf die Entwürfe einer respublica christiana bei Pierre Dubois und Georg von Podiebrad[7], auf den „Neuen Kineas“ des Éméric Crucé[8], den „Grand Dessein“ des Herzogs von Sully[9] und die Projektierung eines europäischen Parlamentes in William Penns „Essay Towards the Present and Future Peace of Europe“ von 1693.[10]

Auf zwei Entwürfe, die für die Kantische Theorie des Weltföderalismus besonders bedeutsam waren und sind, ist aber näher einzugehen.

II. Das Friedensprojekt des Abbé de Saint-Pierre

Einer näheren Betrachtung bedarf das 1713 erstmals und in der Folge in mehreren z.T. erweiterten Auflagen und einer Kurzfassung erschienene „Projet pour rendre la Paix perpétuelle

---

6 *Dante Alighieri*: Monarchie, S. 99 f.: „Überall da, wo es einen Streitfall geben kann, muss ein Richterstuhl vorhanden sein; sonst gäbe es eine Unvollkommenheit, für die das zugehörige vollkommende Mittel nicht vorhanden wäre. ... Weil aber keiner über den anderen zu erkennen vermag, da keiner dem anderen untersteht, denn Gleichberechtigte üben keine Herrschaft übereinander aus, so muss es eine dritte Instanz mit umfassender Jurisdiktion geben, die beide in den Bannkreis ihrer Rechtsprechung ziehen kann. ... man wird bei einem ... ersten und höchsten Richter stehen bleiben, dessen Richterspruch sämtliche Streitfälle schlichtet, sei es mittelbar oder unmittelbar. Dieser aber wird der Monarch oder der Kaiser sein ...“; zu Dantes politischer Theorie siehe u.a. *Ottmann,* Band 2/2, S. 237 ff. Kurzbeurteilung auch bei *Dietze/Dietze,* S. 12 f.

7 Dazu *Justenhoven,* S. 96 ff., und *ter Meulen*: Erster Band, S. 102 ff. bzw. S. 108 ff.

8 *Crucé,* S. 289 ff. Dazu siehe u.a. *Justenhoven,* S. 114 ff.; *ter Meulen*: Erster Band, S. 143 ff.; *von Raumer,* S. 78 ff., und *Dietze/Dietze,* S. 31 ff.

9 Dazu *Justenhoven,* S. 131 ff.; *ter Meulen*: Erster Band, S. 166 ff., und *Burckhardt,* S. 14 ff.

10 *Penn,* passim. Zu den Hintergründen und insbesondere zu dem Umstand, dass die Schrift anonym erschien siehe *van den Dungen,* S. VII ff. (XI). Zur Vorwirkung auf die Europäische Union siehe *Stüwe,* S. 359 ff. Zum politischen Denken bei William Penn siehe *Murphy,* passim.

en Europe“ des Abbé Carles-Irénée Castel de Saint-Pierre.[11] Unter seinen sehr zahlreichen und aufklärerischen Reformprojekten und -schriften handelt es sich bei dem „Projet“ um sein Hauptwerk.[12] Das Ziel der Schrift wird bereits im ersten Satz unmissverständlich formuliert: „Es ist meine Absicht, Mittel vorzuschlagen, um einen ewigen Frieden unter allen christlichen Staaten herbeizuführen.“[13] Das Mittel besteht in der Etablierung einer global-föderalen Organisationsstruktur, deren Grundlagen und Ausformungen in seinem Friedenstraktat detailreich erörtert werden.[14]

Den Ausgangspunkt seiner Überlegungen, die auch auf der Kenntnis der einschlägigen Werke des Herzogs von Sully und von William Penn beruhen[15], bildet eine an Hobbes angelehnte Anthropologie.[16] Danach kann der Mensch nicht durch Appelle an die Vernunft, sondern nur durch „den Gegenschlag einer stärkeren Leidenschaft“ bzw. „die Furcht vor einem Übel …,

---

11 Deutsche Fassung *Saint-Pierre*: Der Traktat vom ewigen Frieden (1713), herausgegeben und mit einer Einleitung versehen von Wolfgang Michael, Berlin 1922. Zur Genese des „Projet“ siehe das Standardwerk zu Saint-Pierre von *Drouet,* S. 107 ff. Zu den zeitgeschichtlichen Hintergründen, insbesondere zur Verortung von Saint-Pierre in der französischen Aufklärung siehe *Asbach*: Staat und Politik zwischen Absolutismus und Aufklärung, S. 49 f., 151 ff. Kurzfassung des Friedenstraktats in *Saint-Pierre*: Abrégé, passim; dazu *Bois,* S. 180 ff.

12 Ebenso u. a. *Dietze/Dietze,* S. 37. Zur Biografie und den diversen Reformprojekten des Abbé de Saint-Pierre zur Innen-, Finanz- und Wirtschaftspolitik siehe u. a. *Drouet,* S. 1 ff., und S. 107 ff.; *Bois,* S. 11 ff., und S. 177 ff.

13 *Saint-Pierre*: Der Traktat vom ewigen Frieden, S. 3.

14 *Asbach*: Staat und Politik zwischen Absolutismus und Aufklärung, S. 157, weist darauf hin, dass das Friedensprojekt Saint-Pierres nicht nur auf die äußere Organisation der Staaten, sondern auch „Teil eines umfassenden Plans zur Reform der bestehenden Verhältnisse im Inneren und nach außen“ ist. Es wäre demnach „völlig verfehlt, Saint-Pierres ‚Projet de paix‘ als einseitig auf die Reform des internationalen Systems fixiertes und die innergesellschaftlichen Bedingungen des Friedens ausblendendes Werk zu sehen“.

15 Vgl. *Barreau,* S. 176 f.

16 Dazu *Asbach*: Politik und Frieden beim Abbé de Saint-Pierre, S. 154 f.

das größer und schlimmer ist als der Vorteil des erstrebten Gutes" in seinem sonst ungehemmten Streben nach Gütern und Selbsterhaltung gebremst werden.[17] Ohne die Geltung allgemeiner und durchsetzungsfähiger Gesetze sei ein friedliches Zusammenleben der Menschen nicht möglich.

Die für den Frieden konstitutive Rechtssicherheit mangelt auch im Verhältnis zwischen den Staaten bzw. Fürsten. Zwar gebe es zahlreiche Übereinkünfte „in Form von Handels-, Waffenstillstands- und Friedensverträgen"; aber nach der Einschätzung Saint-Pierres könne der „gegenwärtige Zustand Europas ... nichts anderes als fast dauernde Kriege herbeiführen, denn er bietet keine *hinreichende Sicherheit* für die Instandhaltung der Verträge".[18] Hellsichtig erkennt er, dass dieses „Sicherheitsdilemma der Fürsten" bereits im vor-supranationalen Stadium zu einer empfindlichen Minderung ihrer Souveränität führt.[19] Denn: „Ihr Gut und Leben kann ihnen täglich *ungestraft* genommen werden. Mangels eines Gesetzes und einer Gesellschaft leben sie in der härtesten Abhängigkeit voneinander."[20] Damit spinnt er den gedanklichen Faden des Hobbes'schen Naturzustandstheorems fort und überträgt ihn – ideengeschichtlich innovativ – vom Verhältnis zwischen Individuen auf das Verhältnis zwischen Staaten.[21] Auch für die Staaten ist es vernünf-

---

17 *Saint-Pierre*: Der Traktat vom ewigen Frieden, S. 17. Zur Anthropologie bei Saint-Pierre siehe auch *Justenhoven,* S. 152 ff., und *Asbach*: Die Zähmung der Leviathane, S. 57 ff.

18 *Saint-Pierre*: Der Traktat vom ewigen Frieden, S. 4 (Hervorhebungen im Original).

19 Begriff des Sicherheitsdilemmas und weitere Erläuterung bei *Justenhoven,* S. 154 ff. I. Ü. ist die Parallele zu den faktischen Souveränitätsverlusten der Nationalstaaten in Zeiten der Globalisierung augenfällig (s. o. I. 1. b)).

20 *Saint-Pierre*: Der Traktat vom ewigen Frieden, S. 69 (Hervorhebungen im Original).

21 Vgl. *Asbach*: Die Zähmung der Leviathane, S. 112: „Das *Projet de paix perpetuelle* beruht auf der philosophiegeschichtlich erstmaligen und konsequenten Übertragung des kontraktualistischen Gedankens der neuzeitlichen Naturrechtstheorie auf die Sphäre des Verhältnisses zwischen den als Individuen gedachten Staaten." Siehe auch *Chevenal*: Philosophie in weltbürgerlicher Bedeutung, S. 323 ff.

tig, den internationalen Naturzustand zu verlassen und damit das Sicherheitsdilemma zu beseitigen. Als Mittel empfiehlt Saint-Pierre – wiederum in unerklärter Anlehnung an Hobbes[22] – den Abschluss eines Gesellschafts- bzw. Bundesvertrages zur Bildung einer Europäischen Union. Als Vorbild und zugleich als Nachweis der Realisierbarkeit dieser Europäischen Union verweist Saint-Pierre auf die Confoederatio Helvetica, die Generalstaaten der Niederlande und – vor allem – auf den „Bund aller deutschen Staaten", also das damalige Heilige Römische Reich Deutscher Nation.[23]

Die Organisationstruktur der Europäischen Union demonstriert Saint-Pierre anhand eines Statuts nebst Erläuterungen. Anzahl und Zuordnung der einschlägigen Artikel differieren in den verschiedenen Phasen der Ausdifferenzierung des Modells. In der grundlegenden Fassung des Friedenstraktats von 1713 finden sich insgesamt 27 Artikel. Neben 12 „Grundartikeln", die nur mit der Zustimmung aller beteiligten Staaten änderbar sind, werden 7 „wichtige Artikel" und 8 „nützliche Artikel", die Einzelheiten über die Organe der Union enthalten, aufgeführt. Die „wichtigen Artikel" sollen mit einer Mehrheit von drei Vierteln der Unionsmitglieder und die „nützlichen Artikel" mit einfacher Mehrheit änderbar sein.[24] In der Fassung von 1716 werden 24 Artikel ohne nähere Differenzierung formuliert, und im „Abrégé" von 1729 wird die Zahl der Artikel auf fünf reduziert.[25]

---

22 Hobbes galt im 18. Jahrhundert sowohl aufgrund seiner Kritik an der (katholischen) Kirche als auch wegen des Postulats der Allmacht des staatlichen Souveräns als „Unperson"; *Asbach*: Die Zähmung der Leviathane, S. 111.

23 *Saint-Pierre*: Der Traktat vom ewigen Frieden, S. 31 ff. Dazu *Justenhoven*, S. 159 f.

24 Dazu *ter Meulen*: Erster Band, S. 189 ff. Zum Einstimmigkeitserfordernis bei der Änderung der Grundartikel siehe *Saint-Pierre*: Der Traktat vom ewigen Frieden, S. 104 f. (Grundartikel 12).

25 Die 24 Artikel von 1716 sind abgedruckt in *Saint-Pierre*: Der Traktat vom ewigen Frieden, S. 180 ff.; die fünf Artikel aus dem Jahr 1729 finden sich in *Saint-Pierre*: Abrégé, S. 21 ff.

Die Mitgliedstaaten der Union bilden einen „ständigen Bundesrat“ (congrès ou sénat), der seinen Sitz zunächst in Utrecht nehmen soll.[26] Wie vor ihm der Herzog von Sully führt Saint-Pierre eine abschließende Liste von Mitgliedstaaten oder Staatengruppen auf, die der Union angehören (sollen). An der Spitze dieser Liste, die insgesamt 24 Mitgliedstaaten oder Staatengruppen umfasst, stehen Frankreich, Spanien, England und die Niederlande, im Mittelteil der Papst und Russland und an ihrem Ende die geistlichen Kurfürsten mit ihren Verbündeten.[27] Unter bestimmten Umständen können die vorgesehenen Mitglieder gewaltsam genötigt werden, der Union beizutreten.[28] Bemerkenswert ist ferner das in Grundartikel 2 niedergelegte (beschränkte) Interventionsverbot. Danach darf sich die Union „nicht in die Regierung der einzelnen Staaten“ einmischen. Sie „sorgt nur für die Erhaltung ihrer Verfassung im Ganzen und leistet den Herrschern und den Behörden der Freistaaten Beistand gegen Aufruhr und Umwälzungen“.[29] Im Falle des Bürgerkrieges ist es der Union also erlaubt, einzugreifen.[30] Für die Mitgliedstaaten

---

26 *Saint-Pierre*: Der Traktat vom ewigen Frieden, S. 88 (Grundartikel 1). Zur Begründung für die Wahl der holländischen Stadt Utrecht führt *Saint-Pierre*: Der Traktat vom ewigen Frieden, S. 105 (Wichtiger Artikel 1) aus: „Die Holländer sind das größte Handelsvolk; somit ist ihnen an der Erhaltung des Friedens am meisten gelegen.“ Zudem (ebd., S. 105) liege es geografisch günstig und war im Jahr 1713 bereits Veranstaltungsort eines Friedenskongresses. Schließlich seien die Holländer „gegen alle Religionen am tolerantesten“.

27 *Saint-Pierre*: Der Traktat vom ewigen Frieden, S. 100. Dazu auch *Borner*, S. 26 ff. Der Herzog von Sully hatte 15 konkrete Staaten benannt, die dem europäischen Bund angehören sollten (s. o. 5.).

28 Siehe *Saint-Pierre*: Der Traktat vom ewigen Frieden, S. 98 (Grundartikel 8 Nr. 2): „Besteht der Völkerbund aus mindestens 14 Mitgliedern und ein Herrscher weigert sich, ihm beizutreten, so wird er für einen Feind der Ruhe Europas erklärt und bekriegt, bis er entweder dem Bund beigetreten oder völlig aus seinem Besitz verdrängt ist.“

29 Es sind diese und vergleichbare Theorieelemente, die *Asbach*: Die Zähmung der Leviathane, S. 176 ff., zu der Einschätzung führen, dass Saint-Pierres Europäische Union weder eine lupenreine Föderation im Sinne eines Bundesstaates noch eine bloße Konföderation im Sinne eines Staatenbundes sei.

30 Dazu *von Raumer*, S. 190.

als föderaler Elemente der Union ist schließlich das in Grundartikel 4 Nr. 2 fixierte Gebot der territorialen Besitzstandswahrung bedeutsam. Danach bleiben die Mitgliedstaaten „stets in ihrem jetzigen Besitzstand und in ihren heutigen Grenzen [bestehen]. Kein Gebiet kann abgetrennt oder durch Erbfolge, Hausverträge, Wahl, Schenkung, Abtretung, Verkauf, Eroberung, freiwilligen Übertritt der Untertanen oder auf andere Weise hinzugefügt werden. Kein Herrscher oder Mitglied eines Herrscherhauses kann Herrscher eines Staates werden, der heute nicht zum Besitz seines Hauses gehört."[31] Hinsichtlich ihrer Zusammensetzung trägt Saint-Pierres union européenne also einen statischen Charakter.[32]

Im Bundesrat erhalten die großen europäischen Staaten einen eigenen Sitz nebst Stimme, während die kleineren Staaten zu Gruppen zusammengefasst werden und eine „Gruppenstimme" erhalten.[33] Er sorgt für Handelsverträge, Handelskammern und internationale Handelsgerichte zur verbindlichen Streitschlichtung.[34] Vor allem aber kommen dem Bundesrat legislative, exekutive und judikative Funktionen gegenüber den Mitgliedstaaten zu. Seine Schiedssprüche können ggf. mit Zwangsgewalt durchgesetzt werden.[35] Zu diesem Zweck werden Streitkräfte der Union aus den militärischen Ressourcen der Mitgliedstaaten

31 *Saint-Pierre*: Der Traktat vom ewigen Frieden, S. 90 f.

32 Vgl. *von Raumer*, S: 131: „Der Status quo, bemessen auf das Ende der Ära Ludwigs XIV., soll für alle Zeiten zur Grundlage des europäischen Zusammenlebens gemacht werden."

33 Dazu *Justenhoven*, S. 161.

34 *Saint-Pierre*: Der Traktat vom ewigen Frieden, S. 97 f. (Grundartikel 7); dazu u. a. *ter Meulen*: Erster Band, S. 191, und *Justenhoven*, S. 162 f.

35 Siehe *Saint-Pierre*: Der Traktat vom ewigen Frieden, S. 98 (Grundartikel 8 Nr. 1): „Ein Herrscher, der ... die Ausführung einer Bestimmung des Völkerbundes oder eines Schiedsspruchs des Bundesrats verweigert, wird zum Feinde des Bundes erklärt und so lange bekriegt, bis er entwaffnet ist und das Urteil und die Bestimmungen vollstreckt sind. Er hat die Kriegskosten zu tragen und verliert endgültig das Gebiet, das ihm bis zum Waffenstillstand abgenommen worden ist."

gebildet.[36] In den „wichtigen“ und den „nützlichen Artikeln“ werden weitere organisatorische Einzelheiten geregelt, etwa das „Gesandtenwesen der Union bei den Mitgliedstaaten“[37] oder das Verhältnis zu den asiatischen Staaten.[38]

Saint-Pierre ist bereits zu Lebzeiten für seine nahezu unübersehbare Flut von Reformprojekten kritisiert, z. T. auch verlacht worden.[39] In seinen Reformbestrebungen spiegelt sich aber zugleich das Zeitalter der Aufklärung mit dem verbreiteten Glauben an die Vernunft- und Fortschrittsfähigkeit der Menschheit.[40] Nach einem wohl zu harschen Urteil habe auch der Friedenstraktat „bei seinen Zeitgenossen das geringste Verständnis und fast ausnahmslos nur Spott und Hohn gefunden“.[41] Bei aller Kritik ist die Wirkungsgeschichte der Friedensschriften des Abbé de Saint Pierre doch „enorm“.[42] Zu dieser Geschichte gehört i. Ü. – wie noch zu zeigen sein wird – Kant.

---

36 *Saint-Pierre*: Der Traktat vom ewigen Frieden, S. 103 f. (Grundartikel 10). Dazu *Justenhoven*, S. 165 f.

37 *Justenhoven*, S. 162.

38 *Saint-Pierre*: Der Traktat vom ewigen Frieden, S. 170 (nützlicher Artikel 8).

39 Mildes, und dennoch klares Urteil bei *Asbach*: Staat und Politik zwischen Absolutismus und Aufklärung, S. 34: „Die große Anzahl an politischen und moralischen Reformvorstellungen … trug ihm bereits zu Lebzeiten das Bild eines Projektemachers ein, unermüdlich damit beschäftigt, für alle gesellschaftlichen Bereiche Reformvorschläge zu entwickeln und sie der Öffentlichkeit wie auch den politischen Verantwortlichen zu unterbreiten. … Der Eifer, mit dem er seine Entwürfe vortrug, sorgte dafür, dass er zum Inbegriff eines aufklärerischen Utopisten wurde, der bei seinen ‚chimärischen Ideen‘ die bestehenden Verhältnisse und Möglichkeiten systematisch ausblende und verkenne …“.

40 Ähnlich *Asbach*: Staat und Politik zwischen Absolutismus und Aufklärung, S. 42. Mit konkretem Bezug auf Saint-Pierre siehe *Fetscher*, S. 438: „Der Abbé de St. Pierre ist ein klassischer Repräsentant des neuerwachten Glaubens an den Fortschritt und an die Kraft der bloßen Vernunft.“

41 So *Borner*, S. 62.

42 So *Dietze/Dietze*, S. 37, mit Ausführungen zur Wirkungsgeschichte ebd. S. 37 ff.

Zu den Kritikern gehört zunächst Gottfried Wilhelm Leibniz. In einem Briefwechsel mit Saint-Pierre, in seinen eigenen politischen Schriften sowie in seinen „Observations sur le projet d'une paix perpétuelle“ von 1715 erläuterte Leibniz seine Ablehnung des Friedensprojekts des Abbé.[43] Kernpunkte seiner Kritik waren (1.) die Furcht vor einer Universalmonarchie in der union européenne[44], (2.) der Vorwurf, Saint-Pierre habe die historischen Fakten und Faktizitäten missachtet, sowie (3.) das eigene Festhalten am überkommenen Reichsgedanken. Zu den scharfen und spöttischen Kritikern gehört ferner Voltaire. Seine Ablehnung gründet auf dem Vorwurf, bei dem Friedensprojekt des Saint-Pierre handele es sich um eine Hirngespinst, denn die Staaten würden niemals eine ihnen übergeordnete Rechtsinstanz anerkennen.[45] Schließlich hat Rousseau seine eigene global-politische Philosophie in unmittelbarer Auseinandersetzung mit dem Friedenstraktat des Abbé de Saint-Pierre entwickelt.[46] Neben dem bereits von Leibniz erhobenen Einwand, dass sich die absoluten Fürstenregime keiner übergeordneten Instanz unterwerfen würden, kritisiert er das seiner Auffassung nach zu positive Menschenbild des Abbé.[47]

---

43 Dazu ausführlich *Chevenal*: Philosophie in weltbürgerlicher Bedeutung, S. 110 ff.; *ter Meulen*: Erster Band, S. 204 ff., und *Sosoe*, S. 54 ff. jeweils m. w. N.

44 Gegen die These, Saint-Pierre propagiere mit der Europäischen Union einen Super-Staat *Goyard Fabre*, S. 135 f.

45 Vgl. *Voltaire*, S. 1: „La seule paix perpétuelle, qui puisse être établie chez les hommes est la tolérance: la paix imaginée par un Français nommé l'Abbé de Saint-Pierre est une chimère qui ne subsistera pas plus entre les Princes qu'entre les éléphants & les rinocéros, entre les loups & les chiens. Les animaux carnassiers se déchirevons toujours à la première occasion.“ Zur Kritik Voltaires siehe auch *Asbach*: Die Zähmung der Leviathane, S. 100 f., *Cavallar*: Pax Kantiana, S. 33, und *Höffe*: Einleitung, S. 7.

46 Vgl. *Asbach*: Die Zähmung der Leviathane, S. 201 ff., insbesondere S. 207: „Die Beschäftigung mit dem Werk Saint-Pierres ist Teil der … Suchbewegung, die Rousseau im Prozess der Herausbildung der Grundlagen seiner eigenen politischen und staatsrechtlichen Positionen vollzogen hat.“ Dazu auch ausführlich *Stelling-Michaud*, S. CXX ff.

47 Vgl. *Dietze/Dietze*, S. 42.

III. Föderalismus kleiner Republiken bei Rousseau?

In seinem staatsrechtlichen Hauptwerk, dem „Contrat social“ sowie im Bildungsroman „Émile“, beide aus dem Jahr 1762, hatte Rousseau auf seine Absicht angespielt, eine umfassende Abhandlung über die „Institutions politiques“ vorzulegen, in der auch die Organisationsprinzipien für das internationale oder supranationale Verhältnis entfaltet werden sollten.[48] Dieser „Contrat international“ ist jedoch nie geschrieben worden. Auf der Suche nach der global-politischen Philosophie Rousseaus sind daher die „*membra disjecta* einer unvollendeten Lehre eines supranationalen Föderalismus“ zusammenzufügen.[49] Neben den über die politischen Schriften verteilten und vereinzelten Bemerkungen sind vor allem zwei schmale Abhandlungen über das Friedensprojekt des Abbé de Saint-Pierre relevant.[50]

Der „Contrat social“ traktiert die Frage nach der Form des politischen Zusammenschlusses, „die mit ihrer ganzen gemeinsamen Kraft die Person und das Vermögen jedes einzelnen Mitglieds verteidigt und schützt und durch die doch jeder, indem er sich mit allen vereinigt, nur sich selbst gehorcht und genauso frei bleibt wie zuvor“.[51] Rousseaus Antwort besteht in der vertragsweisen Etablierung eines republikanischen Gemeinwesens, in dem sich die (notwendig vernünftige) volonté générale Geltung verschafft.[52] Modus der volonté générale ist die direkte De-

---

48 Vgl. *Fetscher*: Rousseaus politische Philosophie, S. 179 ff.; *Windenberger*, S.47 ff., und *Stelling-Michaud*, S. CXXXIX: „Rousseau, en effet, avait eu l'intention, après avoir établi les conditions de la société civile dans le cadre de la communauté nationale, de définir les principes qui régissent les relations des États entre eux: le *Contrat international* devait compléter, prolonger le *Contrat social* et former la seconde partie des *Institutions politiques*.“ (Hervorhebungen im Original).

49 *Chevenal*: Philosophie in weltbürgerlicher Bedeutung, S. 365.

50 *Asbach*: Die Zähmung der Leviathane, S. 202; *ders.*: Internationaler Naturzustand und Ewiger Friede, S. 211 f., und *Hirsch*, S. 148 ff.

51 *Rousseau*: Vom Gesellschaftsvertrag, S. 17 (Buch I, Kap. 6).

52 Zur Vertragslehre bei Rousseau siehe u. a. *Kersting*: Die politische Philosophie des Gesellschaftsvertrages, S. 149 ff. Zu Funktion und Bedeu-

mokratie, ihr Medium ist die Legislative: „Der Souverän handelt, da er keine andere Macht hat als die Legislative, nur mittels Gesetzen, und da Gesetze nichts anderes als die eigentlichen Akte des Gemeinwillens sind, kann der Souverän nur dann handeln, wenn das Volk versammelt ist.“[53] Daraus folgt, dass sich die Rousseau'sche Republik nur in der Gestalt eines kleinen und überschaubaren Gemeinwesens verwirklichen lässt.[54] Die Frage nach der Selbstbehauptung der nach den Prinzipien des „Contrat social“ organisierten Republiken in der diversen Staatenwelt, d.h. die Frage nach den inter- oder supranationalen Beziehungen ist daher ein „unmittelbares Folgeproblem aus der Konstruktion des *Contrat social*“.[55] Dies ist Rousseau auch bewusst, denn er endet sein staatsphilosophische Hauptschrift mit den Worten: „Nachdem die wahren Grundsätze des Staatsrechtes aufgestellt sind und versucht wurde, dem Staat seine Grundlage zu geben, wäre jetzt noch übrig, ihn durch seine auswärtigen Beziehungen zu stützen, was die Menschenrechte, den Handel, das Kriegs- und Eroberungsrecht, das öffentliche Recht, die Bündnisse, die Verhandlungen und Verträge etc. umfasste.“[56]

Ausgangspunkt der einschlägigen Überlegungen ist – wie schon bei Saint-Pierre – die Adaption des Hobbes'schen Naturzustandstheorems für das zwischenstaatliche Verhältnis.[57] Da die Staaten untereinander als individuelle Willen begegnen, bestehen zwischen ihnen zunächst keine übergeordneten Rechts-

tung der volonté générale siehe *Fetscher*: Rousseaus politische Philosophie, S. 119 ff., und *Kersting*: Jean-Jacques Rousseaus „Gesellschaftsvertrag“, S. 74 ff., jeweils m. w. N.

53 *Rousseau*: Vom Gesellschaftsvertrag, S. 98 (Buch III, Kap. 12).

54 Ebenso *Asbach*: Die Zähmung der Leviathane, S. 214. Deutlich auch *Kersting*: Jean-Jacques Rousseaus „Gesellschaftsvertrag“, S. 187: „Rousseaus politische Philosophie ist Kleinstaatsphilosophie.“

55 *Asbach*: Die Zähmung der Leviathane, S. 216 (Hervorhebungen im Original); ebenso *ders.*: Internationaler Naturzustand und Ewiger Friede, S. 206 f.

56 *Rousseau*: Vom Gesellschaftsvertrag, S. 153 (Buch IV, Kap. 9).

57 Zum Folgenden siehe insbesondere *Asbach*: Die Zähmung der Leviathane, S. 218 ff.

beziehungen.[58] Solange eine solche übergeordnete Instanz fehlt, befinden sie sich in einem permanenten, zumeist latenten Kriegszustand. Der Übergang vom (primären) individuellen Naturzustand in den Staat erzeugt zugleich den (sekundären) Naturzustand zwischen den Staaten.[59] Rousseau hat die Komponenten dieses sekundären Naturzustands in 13 „Nachteilen" beschrieben. Dazu zählen u. a.:

> „1. Kein gesichertes Recht als das des Stärkeren. ... 3. Keine vollständige Sicherheit, solange nicht die Nachbarn unterworfen oder vernichtet sind. ... 5. Immense Vorsichtsmaßnahmen und Kosten, um stets auf der Hut zu sein. ... 7. Fehlende Sicherheit für gegenseitige Verpflichtungen. ... 8. Keine Hoffnung auf Rechtsdurchsetzung gegenüber einem anderen, ohne immense Kosten und Verluste ... 12. Ständige Gefahr seitens eines mächtigen Nachbarn, wenn man schwach ist, und eines Bündnisses, wenn man stark ist. ... 13. Schließlich Nutzlosigkeit der Weisheit, wo doch das Schicksal vorherrscht, fortdauernde Verheerung der Völker, Schwächung des Staates bei Erfolgen wie bei Rückschlägen, gänzliche Unmöglichkeit, jemals eine gute Staatsorganisation einzurichten, auf sein Eigentum verlässlich zu zählen sowie sich und die anderen dahin zu bringen, ein glückliches Leben zu führen."[60]

Dieser Naturzustand wird nicht durch das historische gewachsene (vermeintliche) Gleichgewicht der europäischen Mächte neutralisiert[61] oder durch den Gang der Geschichte per se besei-

---

58 Vgl. *Rousseau*: Vom Gesellschaftsvertrag, S. 20 (Buch I., Kap. 7), und *ders.*: Que l'État de guerre nait de l'État social, S. 610.

59 Dazu statt vieler *Hirsch,* S. 73 ff., und 133 ff. *Asbach*: Die Zähmung der Leviathane, S. 224 bezeichnet diesen Umstand unter Verwendung eines Ausdrucks aus Rousseaus „Émile" anschaulich als „état mixte": „Zur gleichen Zeit leben [die Menschen] sowohl im bürgerlichen Zustand – insofern sie den Gesetzen ihrer Staaten unterworfen sind – als auch im Naturzustand – insofern sich die Staaten, deren Bürger sie sind, mit allen Konsequenzen in einem solchen befinden."

60 *Rousseau*: Auszug, S. 77 ff. Dazu auch *Hirsch,* S. 153 f.

61 Zur Fragilität dieses Gleichgewichts *Rousseau*: Auszug, S. 37: „... zwischen den europäischen Mächten folgen unaufhörlich Aktion und Reaktion aufeinander, die sie, ohne ihnen ihren angestammten Platz gänzlich zu nehmen, ständig in Unruhe halten; und ihre Anstrengungen sind stets vergeblich und leben doch immer wieder auf wie die Wellen

tigt.[62] Auch partielle zwischenstaatliche Verträge hält Rousseau – wie vor ihm Saint-Pierre – u.a. mangels „übergeordnete(r) Rechtsmacht“ nicht für eine geeignete Lösung des internationalen Naturzustandsproblems.[63] Der sekundäre Naturzustand muss aktiv überwunden, die Herrschaft der Gewalt muss auch im Verhältnis der Staaten zueinander durch das Recht *er*- sowie eine „zwingende Kraft“ *ein*gesetzt werden.[64] Für Rousseau liegt die Lösung zunächst in der Etablierung eines dauerhaften Friedensbundes zwischen den (europäischen) Staaten. Zugunsten dieser Lösung stellt er den referierten „Nachteilen“ des sekundären Naturzustandes insgesamt 8 „Vorteile der europäischen Schiedsgerichtsbarkeit“ gegenüber. Dazu zählen u. a.:

---

des Meeres dessen Oberfläche unaufhörlich in Unruhe halten, ohne dadurch jemals den Wasserstand zu verändern.“ Dazu auch *Hirsch*, S. 144 ff.

62 Vgl. *Rousseau*: Auszug, S. 29 ff., insbesondere S. 31: „Es wäre übrigens ein großer Irrtum zu hoffen, dass der Zustand der Gewalttätigkeit sich allein kraft der Natur der Sache und ohne Zuhilfenahme der politischen Kunst jemals ändern könnte.“

63 Vgl. *Rousseau*: Auszug, S. 27: „Kommen wir also zu dem Ergebnis, dass das Verhältnis zwischen den europäischen Mächten eigentlich ein Kriegszustand ist, und dass alle partiellen Verträge zwischen einigen dieser Mächte eher vorübergehende Waffenstillstände als wirkliche Friedensschlüsse sind, sei es weil diese Verträge üblicherweise keine anderen Garanten haben als die vertragschließenden Parteien selbst, sei es weil deren Rechtsbeziehungen zueinander niemals von Grund auf geklärt werden und weil diese Rechte, die hinsichtlich ihres Erlöschens unklar bleiben, oder entsprechende Rechtsbehauptungen im Verhältnis souveräner Mächte, die keine übergeordnete Rechtsmacht anerkennen, unweigerlich die Gründe neuerlicher Kriege sein werden, sobald die Prätendenten in Folge veränderter Umstände zu erneuten Kräften können.“ Dazu auch *Hirsch*, S. 151. Auf die inhaltliche Nähe von Kants Präliminarartikeln in *Kant*: Zum ewigen Frieden, S. 343 ff., zu diesen Ausführungen Rousseaus sei hier explizit hingewiesen.

64 Vgl. *Asbach*: Die Zähmung der Leviathane, S. 261. Zur Erforderlichkeit von übergeordneten Gesetzen siehe *Rousseau*: Auszug, S. 25 f.: „Jede Gesellschaft ohne Gesetze oder ohne Oberhäupter, jede nur durch zufällige Gegebenheiten gebildete oder aufrechterhaltene politische Vereinigung muss bei der ersten Änderung der Umstände in Streit und Zwistigkeiten ausarten.“ Der Begriff der „zwingende(n) Kraft“ wird verwendet ebd., S. 31.

„1. Gänzliche Sicherheit, dass ihre gegenwärtigen und künftigen Streitigkeiten stets ohne Krieg endgültig beigelegt werden … … 4. Vollständige Sicherheit der Durchsetzung aller zwischen den Fürsten bestehenden gegenseitigen Rechtsverbindlichkeiten kraft der Garantie der europäischen Politik. 5. Vollständige, dauerhafte Freiheit und Sicherheit des Handels … … 8. Bessere Möglichkeiten, all die Einrichtungen zu schaffen, die den Ruhm und die Autorität des Souveräns, die öffentlichen Ressourcen und das Wohlergehen der Völker vermehren können.“[65]

In ausdrücklicher Analogie zur Überwindung des primären Naturzustands durch die Errichtung staatlicher Strukturen und in ausdrücklicher Anlehnung an Saint-Pierre erörtert Rousseau zur Beseitigung des internationalen Naturzustands zunächst die Bildung eines „gouvernement conféderative“.[66] Der „Contrat social“ müsse durch einen „Contrat international“ ergänzt werden, mit dem ein solcher übergeordneter corps politique etabliert wird.[67] Den Status und die legislativen und exekutiven Befugnisse dieses Bundes umschreibt Rousseau überblicksartig wie folgt:

Dieser Bund muss „derart allumfassend sein, dass keine bedeutsame Macht sich ihm verweigert; es muss einen Gerichtshof geben, der für alle Mitglieder verbindliche Gesetze und Verordnungen zu erlassen ermächtigt ist; dem Bund muss eine überlegen wirksame Zwangsmacht zustehen, um jeden Staat zu nötigen, sich in seinem Tun oder

[65] *Rousseau*: Auszug, S. 77 ff. Dazu auch Hirsch, S. 154 f.

[66] *Rousseau*: Extrait, S. 564; vgl. *ders.*: Auszug, S. 15: „Wenn es überhaupt ein Mittel zur Behebung dieser gefährlichen Widersprüche gibt, so kann dies nur eine Form von bündischer Verfassung sein, welche die Völker durch ähnliche Bande vereinigt, wie sie die Individuen einen, und jene dadurch wie diese gleichermaßen der Autorität der Gesetze unterordnet.“ Dazu auch *Asbach*: Internationaler Naturzustand und Ewiger Friede, S. 224 ff.

[67] Vgl. *Windenberger,* S. 237 f.: „Au Contrat social s'ajoute le Contrat international; à l'organisation des hommes au sein des sociétés civiles se superpose la République conféderative des petits États.“ Aufgrund der kulturpessimistischen Grundhaltung Rousseaus erklärt *Figueroa,* S. 129 ihn zum „erste(n) Philosoph(en), der motiviert durch die Erfahrung der negativen Folgen des Zerfalls der objektiven Vernunft und der Globalisierung, die Notwendigkeit der Erweiterung des Gesellschaftsvertrags in einem Weltgesellschaftsvertrag sieht und diesen Schritt auch fordert“.

> Unterlassen nach den gemeinsamen Beschlüssen zu richten; schließlich muss der Bund als unwiderruflich und dauerhaft gelten, um die Mitglieder daran zu hindern, sich nach Belieben von ihm loszusagen, sobald sie meinen, ihr besonderes Interesse stehe im Gegensatz zum Allgemeininteresse."[68]

In Anlehnung an die fünf Artikel aus dem „Abrégé" von Saint-Pierre soll „une Diete ou un congrès permanent", also eine „Bundesversammlung oder ein ständiger Kongress gebildet werden, die bzw. der aus Delegierten der Mitgliedstaaten zusammengesetzt ist.[69] Auch der territoriale Bestandsschutz für die Mitgliedstaaten wird erwähnt.[70] Schließlich wird auch die exekutive Zwangsgewalt bei Zuwiderhandlungen gegen die „Urteile und Anordnungen der Bundesversammlung" legitimiert.[71]

An dieser Stelle hält Rousseau jedoch inne und reflektiert die tatsächlichen Voraussetzungen und die voraussichtlichen Folgen eines solchen Bundes.[72] In diesem Zusammenhang stößt er auf den intrinsischen Konnex zwischen Despotismus einerseits sowie Krieg nach außen und staatlicher Repression nach innen andererseits. Sein Fazit lautet daher, dass entgegen der Auffassung des Saint-Pierre von den gegenwärtigen, ausnahmslos despotisch herrschenden Machthabern keine allgemein friedensfördernde Initiative zu erwarten sei.[73] Selbst wenn es gelingen sollte, den projektierten Bund zu stiften, würde damit doch nur der innerstaatliche Despotismus perpetuiert, der den Grundprinzipien des „Contrat social" diametral zuwiderläuft.[74] Vor diesem Hintergrund vollzieht Rousseau in seiner politischen Philosophie einen innovativen Perspektiv-, sogar einen Paradigmenwechsel, indem er fortan den Blick auf die innerstaatlichen Organisa-

---

68 *Rousseau*: Auszug, S. 43.

69 *Rousseau*: Extrait, S. 575; vgl. *ders.*: Auszug, S. 45. Dazu auch *Hirsch*, S. 168.

70 *Rousseau*: Auszug, S. 45.

71 *Rousseau*: Auszug, S. 47.

72 Dazu *Asbach*: Die Zähmung der Leviathane, S. 268 ff.

73 Vgl. *Rousseau*: Beurteilung, S. 87 f. Dazu auch *Hirsch*, S. 171 ff.

74 Vgl. *Asbach*: Die Zähmung der Leviathane, S. 274.

tionsstrukturen lenkt.[75] Innerstaatliche, republikanische Freiheit wird zur Grundbedingung des internationalen Friedens. Fortan müsse „la paix dans la liberté“[76] gesucht werden und nicht mehr – umgekehrt – eine inter- bzw. supranationale Organisationsform als Garant der Freiheit gelten. Die Antwort auf die Frage, welche Konsequenzen Rousseau aus diesem Perspektiv- bzw. Paradigmenwechsel für die Beseitigung des sekundären Naturzustands zieht, ist umstritten. Der Grund für die Divergenz der Interpretationen liegt ganz wesentlich in dem bereits erwähnten Umstand, dass Rousseau zu diesem Problem keine komprimierte, abschließende und umfassende Ausarbeitung, sondern nur *„membra disjecta“* hinterlassen hat. Cum grano salis lassen sich zwei Auffassungen unterscheiden.

Die erste Interpretationslinie geht davon aus, dass Rousseau eine vertraglich installierte Föderation der kleinen Republiken favorisiert habe.[77] In dieser Föderation sollen die Einzelstaaten nicht rückstandslos aufgehen; sie markiere die Mitte zwischen einem hegemonialen Universalreich und den losen und letztlich unverbindlichen und partiellen zwischenstaatlichen Vertragsbeziehungen.[78] Insbesondere aus dem „Émile“ wird Rousseaus Affinität für „eine gute föderative Vereinigung“ abgeleitet, die dem Einzelstaat „nach innen seine Herrschaft belässt, ihn nach außen gegen jeden ungerechten Angriff [schützt], … ohne der Souveränität zu schaden“.[79] Aber auch der Contrat social bzw. das Fortschreiten auf dem dort vorgeschlagenen Weg wird herangezogen. Damit wird ausdrücklich die Übertragung der Lösung für das primäre auf das sekundäre Naturzustandsproblem propagiert.[80]

---

75 So *Asbach*: Die Zähmung der Leviathane, S. 277; ihm folgend *Witschel,* S. 66 ff.

76 *Rousseau*: Projet de Constitution pour la Corse, S. 904.

77 So etwa *ter Meulen*: Erster Band, S. 257 f.; *Chevenal*: Philosophie in weltbürgerlicher Bedeutung, S. 378 ff.

78 Vgl. *Fetscher*: Rousseaus politische Philosophie, S. 180 ff.

79 Zitiert bei *Fetscher*: Rousseaus politische Philosophie, S. 180 f. Zur Frage nach der (verbleibenden) Souveränität siehe auch *Hirsch,* S. 167 ff.

Die Gegenauffassung sieht die politische Philosophie Rousseaus in einem „Paradoxon“ münden, denn die für die Überwindung des sekundären Naturzustands eigentlich erforderliche Etablierung einer inter- bzw. supranationalen Organisation mit Zwangsbefugnissen werde am Ende abgelehnt. Maßgeblich für diese Ablehnung sei das Postulat der „unbeschränkten Autonomie der staatsrechtlichen Institutionen, Strukturen und Verfahren für die kleinen Republiken“.[81] Nur die ungeschmälerte und ungeteilte Souveränität der Republiken gewährleiste die Selbstbestimmung ihrer Bürgerinnen und Bürger. Jede Beschneidung dieser Souveränität verletze den Contrat social.[82] Einer veritablen Föderation müssten aber zumindest einige legislative und exekutive Kompetenzen zukommen, die auf der Seite der Mitgliedstaaten notwendig einen zumindest partiellen Souveränitätsverlust bedeuteten. Aus der Lektüre der Verfassungsentwürfe, die Rousseau für Polen und Korsika gefertigt habe, gehe hervor, dass er die Garantie der Freiheit nicht in einer Föderation, sondern in der Autarkie der Republiken gesehen habe.[83] So rate er den Korsen von jedem vertraglichen Außenkontakt ab, da darin stets die Gefahr einer Dominanz der stärkeren Staaten lauere.[84] Ferner – so Rousseau in seinen Reformüberlegungen

---

80 So etwa *Windenberger*, S. 208: „Dans le *Contrat social*, lorsqu'il s'agissait de préserver les individus des dangers que courent, au sein de l'ordre social, leur liberté et leur égalité naturelles, J.-J. Rousseau a présenté la formation de la société politique comme une véritable confédération. … Par conséquent, puisque pour unr entre eux les petits États il adoptait une méthode exactement analogue, le résultat avait beaucoup de chance d'être identique ici et là.“

81 *Asbach*: Die Zähmung der Leviathane, S. 279.

82 Vgl. *Rousseau*: Vom Gesellschaftsvertrag, S. 20 (Buch I, Kap. 7): „Jedoch kann sich die politische Körperschaft oder der Souverän, der sein Sein nur aus der Heiligkeit des Vertrages empfängt, niemals – auch nicht gegenüber Dritten – zu etwas verpflichten, was gegen diesen ursprünglichen Akt verstößt, wie z. B. die teilweise Veräußerung seiner selbst oder die Unterwerfung unter einen anderen Souverän.“

83 So *Asbach*: Die Zähmung der Leviathane, S. 283.

84 *Rousseau*: Projet de Constitution pour la Corse, S. 903: „Des alliances, des traités, la foi des hommes, tout cela peut lier le foible au fort et ne lie jamais le fort au foible. Ainsi laissez les negotiations aux puissances

zu Polen – sei jeder „echte Republikaner“ nur der jeweils eigenen nationalen volonté générale verpflichtet, und die Verfestigung dieser Verpflichtung in der Gesinnung der Bürgerinnen und Bürger sei eine zentrale Aufgabe der Erziehung.[85] Gleichwohl und trotz der ausdrücklich gegenläufigen Empfehlung an die Korsen werden die bereits erwähnten Passagen aus dem „Émile“ so gedeutet, dass aus pragmatischen Gründen partielle zwischenstaatlich Verträge und Bündnisse zulässig sein sollen. Abgesehen von der damit verbundenen Inkonsistenz der Gedankenführung lösten diese internationalen Bindungen aber das Problem des sekundären Naturzustandes nicht. Insgesamt liefere Rousseaus politischen Philosophie der inter- bzw. supranationalen Organisation „ein komplexes und widersprüchliches Bild“.[86] Die Antwort auf die selbst gestellte Frage nach der Überwindung des internationalen Naturzustands bleibe in seinem überlieferten Werk letztlich offen.[87]

Beide Auffassungen haben gute Gründe auf ihrer Seite. Die Gesamtschau auf die politischen Schriften Rousseaus legt eine Tendenz zugunsten der zweiten, der Ambivalenz-Auffassung nahe. Rousseau scheint „zwischen Skepsis und emphatischer Befürwortung“ des föderalen Gedankens „hin- und hergerissen zu sein“.[88] Ungeachtet dieses Befundes ist Rousseaus politische

---

et ne comptez que sur vous.“ Zur Genese und zum Konflikt zwischen großen und kleinen Staaten siehe auch *Hirsch,* S. 138 f.

85 Vgl. *Rousseau*: Considérations sur le Gouvernement de Pologne, S. 966: „C’est l’éducation qui doit donner aux armes la force nationale, et diriger tellement leurs opinions et leurs gouts, qu’elles soient patriotes par inclination, par passion, par nécessité. Un enfant en ouvrant les yeux doit voir la patrie et jusqu’à la mort ne doit plus voir qu’elle. Tout vrai républicain suça avec le lait de sa mère l’amour de sa patrie, c’est-à-dire les loix et la liberté. Cet amour fait toute son existence; il ne voit que la patrie, il ne vit que pour elle; sitôt qu’il n’a plus de patrie et s’il n’est pas mort, il est pis.“

86 *Asbach*: Die Zähmung der Leviathane, S. 291.

87 Ebenso *M. Köhler,* S. LXXII: „Die begriffliche Frage eines internationalen Zwangsgewaltrechts zur Transformation des Naturzustandes in die Friedensbundesverfassung bleibt also offen.“

88 *Hirsch,* S. 163.

Philosophie – ebenso wie die des Abbé de Saint-Pierre – vergleichsweise ausführlich (wenn auch nicht annähernd umfassend) dargestellt worden, weil beide einen gravierenden Einfluss auf Kant und dessen Theorie des Weltföderalismus genommen haben.

IV. Das Spezifikum der global-politischen Philosophie Kants

Ob Kant alle vorlaufenden euro- oder weltföderalen Entwürfe gekannt hat, ist nicht bekannt, aber wohl nicht zu vermuten. Sicher ist hingegen der Einfluss, den die einschlägigen Schriften Saint-Pierres und Rousseaus auf seine eigenen Gedanken zum Weltföderalismus ausgeübt haben.[89] Die Wirkung Rousseaus auf Kant ist allgemein bekannt und bedarf keiner weiteren Erläuterung.[90] Aus Reflexionen der Jahre 1755/56 geht hervor, dass Kant bereits zu dieser Zeit Kenntnis von dem Friedensentwurf des Abbé de Saint-Pierre erlangt haben muss.[91] In einer aus den 1760'er Jahren stammenden Reflexion führt Kant den

---

89 Zum Folgenden siehe insbesondere *Vorländer*: Kant und der Gedanke des Völkerbundes, S. 16 ff., *Wood*: Kants Entwurf zum ewigen Frieden, S. 69 ff., *Gerhardt*: Immanuel Kants Entwurf „Zum ewigen Frieden“, S. 26., und *Cavallar*: Pax Kantiana, S. 33 ff. Zum Einfluss Saint-Pierres siehe auch *Patzig*, S. 15, und *Eberl/Niesen*, S. 111.

90 Der allgemeine Einfluss Rousseaus erhellt nicht zuletzt durch den Umstand, dass ein Konterfei des Genfer Philosophen als einziger Wandschmuck im Arbeitszimmer Kants zu finden war; vgl. *Höffe*: Immanuel Kant, S. 31. Siehe auch *Borowski*, S. 69 f.: „Des J.-J. Rousseaus Werke kannte er alle und dessen Emil hielt ihn bei seiner ersten Erscheinung einige Tage von den gewöhnlichen Spaziergängen zurück.“ Zum „anekdotisch-inventaristischen Argument“ siehe (schmunzelnd) *Unruh*: Der Kategorische Kumulativ – Die Rechtsphilosophie Ralf Dreiers im Spannungsfeld zwischen Kongress und Konsens, in: Ein weites Feld. „Festschrift“ für Ralf Dreier aus Anlass seiner Emeritierung, dargebracht von jungen DreierianerInnen, Göttingen 1997, S. 79 ff. (86); was der Autor selbst dem seinerzeitigen Jubilar verdankt, lässt sich hingegen nicht in Worte fassen.

91 *Kant*: Refl. Nr. 2116, AA XVI, S. 241; *ders.*: Refl. Nr. 3157, AA XVI, S. 686: „... die Platonische Republik ... des Abts St. Pierre Vorschläge.“

Abbé unter den „Phantasten der Vernunft“ auf.[92] Es wäre allerdings ein Irrtum, in dieser Verortung ein Negativurteil zu vermuten. Denn im „Versuch über die Krankheiten des Kopfes“ aus 1764 führt Kant aus: „Welche Phantasten! Dieser zweideutige Anschein von Phantasterei in an sich guten, moralischen Empfindungen ist der Enthusiasmus, und es ist niemals ohne denselben in der Welt etwas Großes ausgerichtet worden.“[93] Ein direkter Hinweis auf das Friedensprojekt des Abbé de Saint-Pierre enthält dann eine Reflexion aus den 1770'er Jahren: „Wenn Völkerschaften unter sich ein Gesetz und gemeinschaftlich Gewalt gründen, so errichtet sich äußere Sicherheit.“[94] Eine Wertschätzung erfährt dieses Projekt dann in Kants Vorlesung „Moralphilosophie Collins“ aus 1784/85. Dort heißt es: „Der Vorschlag des Abt von St. Pierre von einem allgemeinen Völker-Senat würde, wenn er ausgeführt, der Zeitpunkt seyn, wo das menschliche Geschlecht einen großen Schritt zur Vollkommenheit thun würde.“[95] Eine ausdrückliche Bezugnahme auf Saint-Pierre (und Rousseau) in den veröffentlichen Werken Kants findet sich u.a. in der „Idee zu einer allgemeine Geschichte in weltbürgerlicher Absicht“ von 1784[96] und in der Schrift „Über den Gemeinspruch: Das mag in der Theorie richtig sein, taugt aber nicht für die Praxis“ von 1793.[97]

---

92 *Kant*: Refl. Nr. 488, AA XV, S. 210.

93 *Kant*: Versuch über die Krankheiten des Kopfes, S. 267. Hinweis auf den Enthusiasmus bei Saint-Pierre auch in *Kant*: Refl. Nr. 921, AA XV, S. 406.

94 *Kant*: Refl. Nr. 921, AA XV, S. 790.

95 *Kant*: Moralphilosophie Collins, AA XXVII, S. 470.

96 *Kant*: Idee, S. 24: So „schwärmerisch“ die Idee eines Völkerbundes „auch zu sein scheint und als eine solche an einem Abbé von St. Pierre oder Rousseau verlacht worden (vielleicht weil sie solche in der Ausführung zu nahe glaubten): so ist es doch der unvermeidliche Ausgang der Noth, worein sich Menschen einander versetzen, die die Staaten zu eben der Entschließung (so schwer es ihnen auch eingeht) zwingen muss, wozu der wilde Mensch eben so ungern gezwungen ward, nämlich: seine brutale Freiheit aufzugeben und in einer gesetzmäßigen Verfassung Ruhe und Sicherheit zu suchen“.

97 *Kant*: Gemeinspruch, S. 312 f.: „... der Vorschlag zu einem allgemeinen Völkerstaat, unter dessen Gewalt sich alle einzelne Staaten frei-

Kants global-politische Philosophie ist also – wenig überraschend – nicht in einem ideengeschichtlichen Vakuum entstanden, sondern ihre Genese war vielfältigen Einflüssen ausgesetzt.[98] Aber Kant hat – ebenso wenig überraschend – aus diesen Einflüssen ein eigenständiges Gedankengebäude des Weltföderalismus geformt. Im Rückblick auf die Vorläufer und in Vorwegnahme der wesentlichen Ergebnisse der Analyse des Kantischen Modells des Weltföderalismus lassen sich zumindest sechs Spezifika dieses Modells ausmachen.[99]

Anders als etwa Dante, Dubois, Podiebrad oder Sully verfolgt Kant mit seinem Entwurf – *erstens* – keine unmittelbaren politischen Interessen. Dies gilt unabhängig davon, dass vor allem in den späteren politischen Schriften seine Sympathien für die Ideale der Französischen Revolution unübersehbar sind.

Seine Argumentation ist – *zweitens* – frei von jeder theologischen Grundlegung und Konnotation. In seiner Religionsschrift von 1793 hat er ausdrücklich den „philosophische(n) Chiliasm, der auf den Zustand eines ewigen, auf einen Völkerbund als Weltrepublik gegründeten Friedens hofft" dem theologischen Chiliasmus entgegengesetzt, „der auf des ganzen Menschengeschlechts vollendete moralische Besserung harrt".[100] Ungeachtet theologisch imprägnierter Theorieelemente – wie etwa dem anthropologischen Pessimismus oder dem Begriff des Chiliasmus – liefert Kant einen säkular begründeten und begründbaren Entwurf für einen Weltföderalismus.[101]

---

willig bequemen sollen, um seinen Gesetzen zu gehorchen, mag in der Theorie eines Abbé von St. Pierre, oder eines Rousseau noch so richtig artig klingen, so gilt er doch nicht für die Praxis: wie er denn auch von großen Staatsmännern, mehr aber noch von Staatsoberhäuptern als eine pedantische-kindische aus der Schule hervorgetretene Idee jederzeit verlacht worden. – Ich meinerseits vertraue dagegen doch auf die Theorie, die von dem Rechtsprinzip ausgeht …".

98 Vgl. *Eberl/Niesen*, S. 112.

99 Zum Folgenden siehe *Höffe*: Einleitung, S. 7 f.; und *ders.*: „Königliche Völker", S. 181 ff.

100 *Kant*: Religion, S. 34. Dazu auch *Cavallar*: Pax Kantiana, S. 321.

101 Ebenso *Höffe*: Kants Kritik der praktischen Vernunft, S. 252, und *Chevenal*: Philosophie in weltbürgerlicher Bedeutung, S. 473: „Die recht-

Drittens ist das Ziel seines weltföderalistischen Denkens nicht der Frieden im Sinne einer allgemeinen Konfliktfreiheit, des Endes aller Streitigkeiten und der politischen und gesellschaftlichen Ruhe, die noch Marsilius von Padua in den Anfangsworten seines „Defensor pacis" nachdrücklich als Idealzustand und Zielpunkt der Politik und des politischen Denkens beschrieben hat.[102] Für Kant sind der zwischenmenschlich wie zwischenstaatliche Wettstreit und Konflikt zugleich Fortschrittsmotoren[103], die nicht zu eliminieren, sondern zu kanalisieren sind, damit sie ihrer humangeschichtlichen Funktion in gewaltfreien, d.h. friedlichen Bahnen nachkommen können.[104]

---

liche Weltrepublik der Menschen tritt als philosophischer Chiliasmus an die Stelle der gottesstaatlichen Tugendrepublik." Zu theologischen „Restbeständen" bei Kant siehe auch *Cavallar*: Pax Kantiana, S. 299. Zu den verschiedenen Varianten des Kosmopolitismus bei Kant – inklusive eines theologisch orientierten Kosmopolitismus – siehe *Cavallar*: Cosmopolotanisms, S. 95 ff.

102 Vgl. *Marsilius von Padua,* S. 15 (Teil 1, Kap. 1, § 1): „Jedem Reich muss ja Ruhe erwünscht sein, in der die Völker gedeihen und der Nutzen der Menschen gewahrt wird. Denn sie ist der edlen Künste schöne Mutter. Sie vervielfältigt der Sterblichen Geschlecht in immer sich erneuernder Folge, hebt den Wohlstand und bildet die Gesittung. Und als unwissend in solch wichtigen Dingen erkennt man den, bei dem man merkt, dass er nach der Ruhe überhaupt nicht gefragt hat."

103 Vgl. nur die Ausführungen zur „ungeselligen Geselligkeit" bei *Kant*: Idee, S. 20 (Vierter Satz): Der gegenseitige „Widerstand ist es nun, welcher alle Kräfte des Menschen erweckt, ihn dahin bringt, seinen Hang zur Faulheit zu überwinden und, getrieben durch Ehrsucht, Herrschsucht oder Habsucht, sich einen Rang unter seinen Mitgenossen zu verschaffen, die er nicht wohl leiden, von denen er aber auch nicht lassen kann". Ebd., S. 22 (Fünfter Satz): „Alle Cultur und Kunst, welche die Menschheit ziert, die schönste gesellschaftliche Ordnung sind Früchte der Ungeselligkeit, die durch sich selbst genöthigt wird, sich zu disciplinieren und so durch abgedrungene Kunst die Keime der Natur vollständig zu entwickeln." Zum verbleibenden zwischenstaatlichen Wettstreit siehe anschaulich *Höffe*: „Königliche Völker", S. 171: Es sei bei Kant „keine soziale Entropie: Kein Wärmetod der Weltgesellschaft zu befürchten; denn die Vielfalt, auch Konkurrenz der Sprachen und Religionen oder Konfessionen, nicht zuletzt die Handelskonkurrenz bleiben erhalten".

104 Vgl. *Höffe*: Einleitung, S. 8: Nicht „im ewigen Nirgendwo der Konfliktfreiheit ... siedelt er den Frieden an, sondern in einer bestimm-

Viertens stellt das Postulat des Weltföderalismus für Kant kein isoliert politisches und ausschließlich auf den äußeren Frieden fokussiertes Theorieelement dar. Es bildet vielmehr den Schlussstein des Gebäudes seiner Rechtsphilosophie, das die äußere menschliche Freiheit beherbergen und schützen soll.[105] Die Errichtung einer global-politischen (Rechts-)Ordnung ist keine bloße Forderung des politisch-pragmatischen oder utilitaristischen[106] Kalküls, sondern der Rechtsvernunft. Aus den „Vorarbeiten zur Rechtslehre" ergibt sich zudem, dass mit dem Frieden als Endzweck der Rechtslehre zugleich eine Verbindung von den Rechts- zu den Tugendpflichten im Sinne einer gegenseitigen Stärkung hergestellt wird:

> „Der fest gegründete Frieden bey dem größern Verkehr der Menschen unter einander ist diejenige Idee durch welche allein der Überschritt von den Rechts- zu den Tugendpflichten möglich gemacht wird, indem wenn die Gesetze äußerlich die Freyheit sichern die Maximen aufleben können sich auch innerlich nach Gesetzen zu regiern und umgekehrt diese wiederum dem gesetzlichen Zwange durch ihre Gesinnungen den Einflus erleichtern so daß friedliches Verhalten unter öffentlichen Gesetzen und friedfertige Gesinnungen (auch den inneren Krieg zwischen Grundsätzen und Neigungen abzustellen) also Legalität u. Moralität in dem Friedensbegriffe den Unter-

---

ten Art, mit Konflikten umzugehen". Ebenso *ders.*: Kants Kritik der praktischen Vernunft, S. 267.

105 Vgl. *Kant*: Rechtslehre, S. 355 (Beschluss): „Man kann sagen, dass diese allgemeine und fortdauernde Friedensstiftung nicht bloß einen Teil, sondern den ganzen Endzweck der Rechtslehre innerhalb der Grenzen der bloßen Vernunft ausmache; denn der Friedenszustand ist allein der unter *Gesetzen* gesicherte Zustand des Mein und Dein in einer Menge einander benachbarter Menschen, mithin die in einer Verfassung zusammen sind ..." (Hervorhebung im Original). Dazu auch *Heidemann*, S. 93 ff., und 106.

106 Einen utilitaristischen Entwurf für einen internationalen Friedensbund zur Stiftung eines gemeinsamen Gerichtshofs hatte 1786/89 Jeremy Bentham geliefert. Ziel ist der „größte(.) allgemeine( ) Nutzen aller Nationen zusammengenommen" bzw. das „größtmögliche Wohlergehen aller Nationen", vgl. *Bentham*, S. 82. zu diesem Entwurf *ter Meulen*: Erster Band, S. 286 ff., und *Kraus*, S. 1 ff.

stützungspunct des Überschritts von der Rechtslehre zur Tugendlehre antreffen."[107]

Dieser „Überschritt" verfestigt die Verankerung des Weltföderalismus in der kritischen, d.h. ausschließlich vernunftbasierten Philosophie Kants.

Fünftens wird bei und von Kant die Beschränkung der vorlaufenden Entwürfe auf das (christliche) Europa überwunden. Das von ihm projektierte föderale System ist ein veritabler *Welt*föderalismus und umfasst daher zumindest potentiell alle (republikanischen) Staaten.[108]

Schließlich und *sechstens* ist hervorzuheben, dass sich Kants vernunftrechtlicher Entwurf auf die Darlegung der elementaren (Rechts-)Prinzipien des weltföderalen Systems beschränkt. Ein detailreiches Bild der Organisationsstrukturen und Verfahrensweisen der inter- bzw. supranationalen Organisation, das noch der Abbé de Saint-Pierre in seinen Friedensschriften gemalt hatte, findet sich bei Kant nicht; er begnügt sich mit einer Skizze, die dann je nach den zeitlichen und geografischen Gegebenheiten koloriert werden kann.[109] Diese Skizze einer politischen Philosophie des Weltföderalismus ist nun einer näheren Betrachtung und Analyse zu unterziehen.

---

107 *Kant*: Vorarbeiten zur Rechtslehre, S. 353 f.

108 U.a. *Kleingeld*: Kant's theory of peace, S. 480. Zu der Bedingung innerstaatlich-republikanischer Verhältnisse, auf die zurückzukommen sein wird, einstweilen *Gerhardt*: Immanuel Kants Entwurf „Zum ewigen Frieden", S. 10.

109 *Höffe*: Kant als Theoretiker der internationalen Rechtsgemeinschaft, S. 491 f. Ebenso *Eberl/Niesen*, S. 104, und *Höffe*: Einleitung, S. 3 f. *Cavallar*: Pax Kantiana, S. 201, spricht von einem „Entwurf von unüberbietbarer Kargheit", und ebd., S. 223 heißt es: „Kant liefert nur die rechtsphilosophischen Prinzipien; die Details der Ausführung bleiben dem Juristen und Politiker überlassen."

C. Kants politische Philosophie des Weltföderalismus

I. Vorbemerkung

Es ist unstreitig, dass aus allen einschlägigen Äußerungen Kants – sei es in den veröffentlichten Schriften, den Vorlesungen oder den Reflexionen – das Postulat einer globalen politischen Organisation klar und hell hervorleuchtet. Höchst umstritten ist unter den Kant-Interpreten hingegen die Frage, ob er einen „Völkerstaat“, d.h. eine staatsanaloge föderale „Weltrepublik“, die oft auch unter der Bezeichnung „Weltstaat“, gelegentlich auch als „Völkerbund“ firmiert, als Zielpunkt seiner Überlegungen begreift, oder eine ausnahmslos als „Völkerbund“ bezeichnete lose internationale Konföderation ohne staatliche Funktionen und Kompetenzen, vor allem ohne die Befugnis zur zwangsweisen Rechtsdurchsetzung.[1] Oder soll und wird nach Kants Auffassung der „Völkerbund“ im Zuge des „beständigen Fortschreitens der Menschheit zum Besseren“ in den Weltstaat übergehen? Schließlich wird kontrovers diskutiert, ob Kant seine Auffassung in und mit der „Friedensschrift“ von 1795 grundlegend geändert habe.[2]

In den einschlägigen Zeugnissen aus der Zeit vor 1795 hatte Kant recht eindeutig für die Errichtung einer Weltrepublik votiert. Mit der „Friedensschrift“ und der 1797 erschienenen „Rechtslehre“ scheinen sich die Akzente ebenso deutlich zu verschieben.

---

1 Zur Terminologie Völkerbund/Völkerstaat siehe u.a. *Chevenal*: Philosophie in weltbürgerlicher Bedeutung, S. 589 f. Abweichend *Hruschka*, S. 131.

2 So etwa *Kleingeld*: Kant and Cosmopolitism, S. 44 ff., und 179 ff.; *Brandt*: Vom Weltbürgerrecht, S. 99, und *Baumgartner*: Dreimal „Ewiger Friede“, S. 82; dagegen etwa *Rademacher*, S. 155 ff.

II. Der Kontext: „Zum ewigen Frieden“ (ab 1795)

Die Struktur der „Friedensschrift“ ist übersichtlich. Neben einer kurzen Einleitung, die – wohl aufgrund der Erfahrungen, die Kant mit der preußischen Zensur im Vorjahr und im Zusammenhang mit seiner Religionsschrift gemacht hatte[3], – eine ironische „clausula salvatoria“ hinsichtlich der politischen Unbedenklichkeit der Schrift enthält[4], untergliedert sie sich in drei Teile. In insgesamt sechs Präliminarartikeln werden Vorbedingungen für den definitiven und dauerhaften Frieden in Gestalt von Sofortmaßnahmen gegen den Krieg formuliert.[5] In drei Definitivartikeln wird die Gesamtheit der Rechtsverhältnisse umrissen.[6] Da alle Menschen, „die aufeinander wechselseitig einfließen können, ... zu irgend einer bürgerlichen Verfassung gehören“ müssen, wird diese Gesamtheit triadisch ausdifferenziert.[7] Das Staatsbürgerrecht beschreibt das Recht der „Menschen in einem Volke“, das Völkerrecht das Recht der „Staaten im Verhältnis gegen einander“ und das Weltbürgerrecht das

---

3 Am 1. Oktober 1794 erging in Reaktion auf Kants Schrift zur „Religion innerhalb der Grenzen der bloßen Vernunft“ (1793) eine auf dem sog. Wöllner'schen Edikt beruhende Kabinettsorder an Kant, das Kant eine „Entstellung und Herabwürdigung mancher Haupt- und Grundlehren der Heiligen Schrift und des Christentums“ vorwirft und ihm aufgibt, sich künftig in Religionsdingen nichts mehr zu Schulden kommen zu lassen, „widrigenfalls Ihr Euch bei fortgesetzter Renitenz unfehlbar unangenehmer Verfügungen zu gewärtigen habt“. Zum Wöllnerschen Religionsedikt vom 9. Juli 1788 siehe *Vorländer*: Immanuel Kant, Zweiter Band, S. 140 ff.; der Text der Kabinettsorder ist abgedruckt ebd., S. 200. Zu Kants Konflikt mit der preußischen Zensur siehe auch *Geier,* S. 267 ff.; *Kühn,* S. 419 ff.; *Gulyga,* S. 269 ff.; *Höffe*: Immanuel Kant, S. 37 ff., und *Losurdo,* S. 130 ff.

4 Zur „Clausula salvatoria“ siehe u. a. *Gerhardt*: Immanuel Kants Entwurf „Zum ewigen Frieden“, S. 39 f.

5 Vgl. *Gerhardt*: Immanuel Kants Entwurf „Zum ewigen Frieden“, S. 41; *Vorländer*: Kant und der Gedanke des Völkerbundes, S. 40.

6 Auch *Höffe*: „Königliche Völker“, S. 163, weist zurecht darauf hin, dass die Friedensschrift in komprimierter Form „Grundzüge einer vollständigen Rechts- und Staatsphilosophie“ nebst „Prinzipien ihrer Umsetzung in reale Politik“ enthält.

7 *Kant*: Zum ewigen Frieden, S. 349, Anm.

Recht der Menschen zu Staaten, denen sie nicht angehören.[8] Für Kants Theorie vom Weltföderalismus ist naturgemäß der 2. Definitivartikel, der das Völker- bzw. Staatenrecht beschreibt, von besonderer Bedeutung. In zwei Zusätzen und einem Anhang werden dann die Realisierungsbedingungen unter besonderer Berücksichtigung des Verhältnisses zwischen Politik und Moral bzw. Rechtsvernunft erörtert.

III. „Völkerbund“ und „Völkerstaat“ in der „Friedensschrift“ und der „Rechtslehre“

Der „Zweite Definitvartikel zum ewigen Frieden“ lautet: „Das Völkerrecht soll auf einen Föderalism freier Staaten gegründet sein.“[9] Die Interpretation dieses vermeintlich schlichten Satzes ist in der Kant-Literatur stark umstritten. Im Einzelnen lassen sich zumindest drei Richtungen, z. T. mit Subdifferenzierungen, unterscheiden.[10] Eine erste Interpretationslinie zeichnet das Bild einer zwangsbefugten Weltregierung, die in Kants Fokus gestanden habe.[11] Eine andere Richtung geht davon aus, dass Kant nur einen Völkerbund im Sinne einer freien und partiellen Assoziation souveräner Staaten befürwortet. Im Rahmen dieser Richtung wird zum einen die Auffassung vertreten, dass dieses Ergebnis im Hinblick auf die Kantische politische Philosophie i. Ü. stimmig sei.[12] Zum anderen wird aber auch vorgebracht,

---

[8] *Kant*: Zum ewigen Frieden, S. 349, Anm. Dazu auch *Eberl/Niesen*, S. 132 f., 207. Luzide Beschreibung auch bei *Hodgson*, S. 108: „… the existence of multiple civil conditions gives rise to two types of problems: problems concerning the relations of states to one another (what Kant calls the *right of nations*), and problems concerning the relations of citizens of one state either to the citizens of another state or to that state taken as a whole (what Kant calls *cosmopolitan right*).“ (Hervorhebungen im Original).

[9] *Kant*: Zum ewigen Frieden, S. 354.

[10] Überblick bei *Cavallar*: Pax Kantiana, S. 178. Ähnlich *Kleingeld*: Kant's theory of peace, S. 177, 483.

[11] So etwa *Williams*, S. 254 ff., und *Friedrich*, S. 45 f.

[12] So wohl *Jaspers*: Kants „Zum ewigen Frieden“, S. 209; *Brandt*: Historische-kritische Beobachtungen zu Kants Friedensschrift, S. 52, und *Vorländer*: Kant und der Gedanke des Völkerbundes, S. 43.

dass hier ein Widerspruch zu Kants eigenen Prämissen der Rechtsvernunft vorliege.[13] Schließlich und drittens findet sich auch die Auffassung, dass „Zum ewigen Frieden“ als politische Schrift zu lesen sei und der Völkerbund als realistisch zu projektierender erster Schritt in einer Entwicklung hin zu einer staatsanalogen und föderalen Weltrepublik zu gelten habe.[14]

Im Folgenden wird zunächst die Argumentation Kants im Zusammenhang und unter maßgeblicher Bezugnahme auf die „Friedensschrift“ und die „Rechtslehre“ rekonstruiert. Anschließend wird diese Argumentation im Lichte der Kant-Literatur auf ihre Konsistenz und inhaltliche Haltbarkeit untersucht. Am Ende sollte die (Er-)Kenntnis der Kantischen Theorie des Weltföderalismus stehen, die an Aktualität nur wenig eingebüßt hat.

1. Ausgangspunkte: Zwischenstaatlicher Naturzustand und „Völkerbund“

Schon der Eingangssatz des Zweiten Definitivartikels liefert das argumentative Fundament, auf dem die gesamte weitere Gedankenführung aufbaut bzw. aufbauen muss:

> „Völker als Staaten können wie einzelne Menschen beurtheilt werden, die sich in ihrem Naturzustande (d.i. in der Unabhängigkeit von äußern Gesetzen) schon durch ihr Nebeneinandersein lädiren, und deren jeder um seiner Sicherheit willen von dem andern fordern kann und soll, mit ihm in eine der bürgerlichen ähnliche Verfassung zu treten, wo jedem sein Recht gesichert werden kann.“[15]

Aus dieser Prämisse, die in der „Rechtslehre“ wiederholt wird[16], folgt für *Kant* das Postulat der Errichtung eines „Völkerbund[s], der aber gleichwohl kein Völkerstaat sei müsste“.[17]

---

[13] Besonders deutlich *Höffe*: „Königliche Völker“, S. 221 ff., und *Kersting*: Kant über Recht, S. 155 ff.

[14] Statt vieler *Geismann*: Kants Lehre vom Rechtsfrieden, S. 380 f.

[15] *Kant*: Zum ewigen Frieden, S. 354. Zum Status dieses argumentativen Fundaments als methodische Prämisse siehe auch *Gerhardt*: Immanuel Kants Entwurf „Zum ewigen Frieden“, S. 92. Dazu auch *Ludwig*, S. 175 ff.

[16] *Kant*: Rechtslehre, S. 350 (§ 61).

[17] *Kant*: Zum ewigen Frieden, S. 354.

In der „Rechtslehre“ führt Kant etwas ausführlicher vier Elemente des Völkerrechts an.[18] Dazu gehört zunächst, dass auch die Staaten „im äußeren Verhältnisse gegen einander betrachtet“ in einem Natur-, d.h. rechtlosen Zustand sind.[19] Dieser Zustand ist – zweitens – „ein Zustand des Krieges“, ohne dass es zu konkreten Kriegshandlungen kommen muss.[20] Drittens gehört zum Völkerrecht die aus „der Idee eines ursprünglichen gesellschaftlichen Vertrages“ folgende Notwendigkeit eines Völkerbundes, und dass dieser Bund – viertens – „keine souveräne Gewalt (wie in einer bürgerlichen Verfassung), sondern nur eine Genossenschaft (Föderalität) enthalten müsste“. In den „Vorarbeiten zum ewigen Frieden“ wird der „Föderalism freyer Staaten“ beschrieben als „Verbindung der Mächte ... die *ohne Zwangsgesetze* sich einander nichts weiter als die Freyheit sichern auf der ein ewiger Friede gegründet werden kann“.[21]

Den Ausgangspunkt der Überlegungen liefert die Feststellung, dass sich die Staaten – wie vor der Staatenbildung die Menschen und Völker – in einem rechtlosen Zustand befunden haben, den Kant den Naturzustand nennt.[22] Dieser Zustand

---

18 *Kant*: Rechtslehre, S. 344 (§ 54); dazu *Eberl/Niesen*, S. 143 ff., und *Pinzani*, S. 238 ff.

19 Das Naturzustandstheorem gilt für alle Staaten und nicht nur für Republiken, a.A. wohl *Kambartel*, S. 212 f. Gegen den Einwand von *Cavallar*: Pax Kantiana, S. 191, der zwischenstaatliche Naturzustand sei kein rechtloser Zustand, weil das Recht zum und im Kriege zumindest provisorisches Recht sei, kann erwidert werden, dass das Kriegsrecht nicht ident ist mit den provisorischen und erst nach der Überwindung des Naturzustands peremtorischen Rechten der Staaten auf Selbstbestimmung, territoriale Integrität etc. I.Ü. kann konzediert werden, dass sich die Rechtlosigkeit nur in Bezug auf die peremtorischen Rechte der Staaten ergibt

20 Zu dieser Differenzierung siehe auch *Eberl/Niesen*, S. 133.

21 *Kant*: Vorarbeiten zum ewigen Frieden, S. 168 (Hervorhebungen vom Verf.).

22 Dieses Axiom wird auch bei *Hodgson*, S. 108, deutlich hervorgehoben, wenn er stellt fest, „... that states existing side by side run into the same problem as individuals: they claim rights against each other that can only be provisional in a state of nature“.

wird von Kant in den §§ 41, 42 der „Rechtslehre" beschrieben als – hypothetische – Form menschlichen Zusammenlebens ohne jegliche staatliche Organisation, also ohne gesetzgebende und rechtsdurchsetzende Obrigkeit.[23] Um die methodische Übereinstimmung dieser Argumentfigur mit der ersten neuzeitlichen Naturzustandstheorie zu verdeutlichen, bezeichnet Kant ihn auch als „Ideal des Hobbes".[24] Im Naturzustand herrscht zwar nicht immer ein realer Krieg aller gegen alle; aber der Krieg ist immer möglich. Der Naturzustand ist folglich ein Zustand der immerwährenden Gefährdung und Bedrohung.[25] Der Grund dieser Bedrohung liegt in der Unsicherheit der Rechtspositionen, die letztlich von den Privatmeinungen der Menschen abhängig bleiben und zu gewalttätigen Konflikten führen (können).[26] So lange eine übergeordnete rechtsetzende und rechtdurchsetzende Instanz fehlt, setzt sich diese Bedrohung fort.[27] Daher postuliert Kant das „exeundum esse e statu naturali" als Pflichtzweck, also als Zweck, den für jedermann zu haben Pflicht ist.[28] Der Ausgang aus dem Naturzustand führt zur Errichtung einer übergeordneten öffentlichen Gewalt nach Maßgabe eines ursprünglichen Vertrages, also auf der Grundlage der Vernunftidee von

23 *Kant*: Rechtslehre, S. 305 ff. (§§ 41, 42); dazu *Geismann*: Kant als Vollender von Hobbes und Rousseau, S. 162.

24 *Kant*: Refl. Nr. 6593, AA XIX, S. 99.

25 Vgl. *Pinzani,* S. 238.

26 Vgl. *Eberl/Niesen,* S. 137: Es bleibt „festzuhalten, dass das zentrale Problem des Naturrechts nicht die Neigung der Individuen oder Staaten zur Gewalttätigkeit ist, sondern ihre gezwungenermaßen einseitige Sicht auf Recht und Unrecht und die Befugnis, ihre Handlungen auf sie zu stützen." Ebenso *Kersting*: Wohlgeordnete Freiheit, S. 205. Dazu auch *Ripstein*: Kant and the circumstances of justice, S. 52 ff.

27 So auch *Kant*: Rechtslehre, S. 312 (§ 44): „... bevor ein öffentlich gesetzlicher Zustand errichtet worden [ist, können] vereinzelte Menschen, Völker und Staaten [sic!] niemals vor Gewaltthätigkeit gegeneinander sicher sein."

28 Zum exeundum-Postulat siehe *Kersting*: Wohlgeordnete Freiheit, S. 199 ff., und *Unruh*: Die Herrschaft der Vernunft, S. 153 ff. Zum Status als Pflichtzweck siehe *R. Dreier*: Zur Einheit der praktischen Philosophie Kants, S. 298 ff., und *Sassenbach,* S. 114 ff.

vernünftiger Übereinkunft bzw. vernünftigem Konsens.[29] Dies gilt an sich für Individuen ebenso wie für Staaten, denn auch im zwischenstaatlichen Verhältnis herrscht zumindest die ständige Bedrohung mit Krieg.[30] Der in der „Friedensschrift" und der „Rechtslehre" projektierte „Völkerbund" soll aber – in Abweichung zur Position z.B. aus der „Idee zu einer allgemeinen Geschichte in weltbürgerlicher Absicht" von 1784[31] – gerade keine derartige öffentliche Gewalt besitzen.[32]

---

29 Siehe dazu *Unruh*: Die Herrschaft der Vernunft, S. 162 ff. m.w.N. Vgl. Auch die luzide Analyyse bei *O'Neill*, S. 25: „The fundamental idea of the social contract tradition is that consent or agreement can justify basic social and political institutions: just societies are based on the consent of the governed, unjust societies are not." Zu den Besonderheiten der Kantischen Stimme im Konzert der Vertreter der Vertragstheorie siehe ebd., S. 31 ff. O'Neill stellt zudem ebd., S. 38, zutreffend fest, dass der (republikanische) Inhalt auf der Vernunft und nicht primär auf dem tatsächlichen oder hypothetischen Konsens beruht: „Kant's conception of the social contract is a special case of his universal principle of justice: it spells out what this principle requires in actual human conditions. The universal principle of justice is in turn a special case of the categorical imperative: it spells out the most basic maxims to which our lives must conform if the structures of the public domain are to meet the requirements of the categorical imperative. ... Kant's version of the social contract can count as an idea of reason because he derives it from his account of practical reason, rather than from any appeal to actual or to hypothetical consent." Schließlich resümiert O'Neill, dass Kant „abandons the idea that the social contract is some sort of agreement or contract, actual or hypothetical, and thinks of it simply as formulating the necessary conditions for the possibility of universal consent to a political order for unsociable yet interacting rational beings." Zweifel an der Einordnung Kants als Vertragstheoretiker auch bei *Ripstein*: Kant and the circumstances of justice, S. 42, 57 ff.

30 Dazu *Beestermöller*, S. 51 ff., mit dem Hinweis ebd., S. 52 f., dass die europäischen Staaten „praktisch während der ganzen Lebensspanne Kants im Krieg miteinander" lagen oder „sich für den nächsten" rüsteten. Siehe auch *Ellis*, S. 13: „Like individuals, states must exit the state of nature and enter into peaceful coexistence in the international sphere."

31 Diese Differenz wird auch ausdrücklich hervorgehoben bei *Kleingeld*: Kant and Cosmopolitism, S. 47 f.

32 Ebenso *Pinzani*, S. 238.

Zur Begründung dieser in der „Rechtslehre“ angereicherten „aber – gleichwohl“-These zugunsten des bloßen „Völkerbundes“ führt Kant eine Reihe von Gründen an. Insgesamt lassen sich vier Argumente unterscheiden, von denen das erste und dritte jeweils eine Argumentgruppe mit drei Unterargumenten bilden. Alle vier Argumente weisen eine negative Stoßrichtung auf, d.h. sie wenden sich gegen Alternativmodelle zum Kantischen „Völkerbund“ und versuchen, entsprechende Argumentationen zu entkräften. Im Einzelnen handelt es sich um das Widerspruchs-, das Differenz-, das Universalstaats- und das Gleichgewichtsargument.

2. Das Widerspruchsargument

Das Widerspruchsargument besagt, dass ein „Völker-“ bzw. Weltstaat im Widerspruch zum Völkerrecht stünde. Dieses Argument weist drei Teilargumente auf, nämlich das Begriffs-, das Souveränitäts- und das Faktizitätsargument.

a) Das Begriffsargument

Mit dem Begriffsargument weist Kant darauf hin, dass der Begriff des Völker- bzw. Staatenrechts begriffsnotwendig mit der Existenz einer Viel-, jedenfalls einer Mehrzahl von Staaten verknüpft ist: „Die Idee des Völkerrechts setzt die *Absonderung* vieler von einander unabhängiger benachbarter Staaten voraus … .“[33] In einem „Völkerstaat“ würden hingegen „viele Völker … in einem Staate nur ein Volk ausmachen …, welches (da wir hier das Recht der Völker gegen einander zu erwägen haben, so fern sie so viel verschiedene Staaten ausmachen und nicht in einem Staat zusammenschmelzen sollen) der Voraussetzung widerspricht“.[34] Das Aufgehen der Staaten in einem Weltstaat führt das Völkerrecht ad absurdum, und diese Konsequenz

33 *Kant*: Zum ewigen Frieden, S. 367. Ebenso *ders.*: Vorarbeiten zum ewigen Frieden, S. 168.

34 *Kant*: Zum ewigen Frieden, S. 354.

ist für Kant unannehmbar.[35] Die implizite Prämisse dieses Verdikts besteht in dem Postulat, dass es auch künftig Völkerrecht geben soll.

b) Das Souveränitätsargument

Das Souveränitätsargument besagt, dass der „Völkerstaat“ abzulehnen ist, weil in ihm zugleich die Souveränität der Staaten aufgehoben würde. Nach Kant sollen die Staaten „nicht in einem Staat zusammenschmelzen“.[36] Das Postulat des notwendigen Erhalts der staatlichen Souveränität folgt aus dem Kantischen Staatsbegriff. Die prägnante Definition aus der „Rechtslehre“ lautet: „Ein Staat (civitas) ist die Vereinigung einer Menge von Menschen unter Rechtsgesetzen.“[37] Aus dem 2. und 5. Präliminarartikel konnte zudem abgeleitet werden, dass Kant den Staat als juristische und zugleich moralische Person begreift, die „über sich selbst zu gebieten und zu disponieren“ hat.[38] Der Verlust der staatlichen Souveränität wäre für Kant gleichbedeutend mit der Vernichtung dieser Person. Die Präliminarartikel hatten gezeigt, dass der Staat aufgrund seiner Rechtsqualität als Person nicht zum bloßen Objekt des Völkerrechts gemacht werden darf. Aus dem „Völkerrecht“ folgt nun für Kant, dass der Staat auch und erst recht nicht seiner Eigenschaft als Völkerrechtssubjekt beraubt werden darf.[39] Die Auflösung der mora-

---

35 Dazu auch *Cavallar*: Pax Kantiana, S. 181, und 205; *Rademacher*, S. 160; *Lutz-Bachmann*, S. 10; *Steiger*, S. 116; *Gerhardt*: Immanuel Kants Entwurf „Zum ewigen Frieden“, S. 95, sowie *Höffe*: „Königliche Völker“, S. 228 f. *Eberl/Niesen*, S. 236, fassen Kants Verdikt treffend wie folgt zusammen: „Im Weltstaat kann es kein Völkerrecht geben.“

36 Nochmals *Kant*: Zum ewigen Frieden, S. 354.

37 *Kant*: Rechtslehre, S. 313 (§ 45).

38 *Kant*: Zum ewigen Frieden, S. 344. Dazu *Gerhardt*: Immanuel Kants Entwurf „Zum ewigen Frieden“, S. 49: „Der Staat ist ein institutionelles Gebilde, das über sich selbst bestimmt.“ Er ist „ein Volk, das sich selbst beherrscht“.

39 Vgl. *Brandt*: Historisch-kritische Beobachtungen zu Kants Friedensschrift, S. 52; *Gerhardt*: Immanuel Kants Entwurf „Zum ewigen Frieden“, S. 95; *Rademacher*, S. 161; *Wood*: Kants Entwurf zum ewigen Frieden, S. 81; *Beestermöller*, S. 54 f., und *Kersting*: Kant über Recht, S. 151, und 160: „Unantastbarkeit der staatlichen Souveränität.“

lischen Staatspersonen wäre zugleich ein Eingriff in die Freiheit ihrer Bürgerinnen und Bürger, die sich selbstbestimmt im Staat „unter Rechtsgesetzen“ zusammenschließen.[40]

c) *Das Faktizitätsargument*

Das Faktizitätsargument verweist auf den Umstand, dass die Staaten den Übergang in einen „Völker-“ bzw. Weltstaat „nach ihrer Idee vom Völkerrecht durchaus nicht wollen“.[41] Stattdessen beobachtet Kant, dass „jeder Staat seine Majestät ... gerade darin [sieht], gar keinem äußeren gesetzlichen Zwange unterworfen zu sein“.[42] Vielmehr richte sich das Bestreben der realen Staaten ausschließlich auf die Ausweitung der eigenen Machtsphäre. Hier zeige sich die „Bösartigkeit der menschlichen Natur, die sich im freien Verhältniß der Völker unverhohlen blicken läßt“.[43] Die faktische Selbstbehauptung der Staaten wird für Kant zum Argument gegen ihren Zusammenschluss in einem „Völkerstaat“.[44]

3. Das Differenzargument

Das Differenzargument behauptet einen Unterschied in den Konsequenzen, die aus dem Naturzustandstheorem für Individuen einerseits und Staaten andererseits folgen.[45] Es lautet:

„... von Staaten [kann] nach dem Völkerrecht nicht eben das gelten, was von Menschen im gesetzlosen Zustande nach dem Naturrecht

40 Vgl. *Eberl/Niesen,* S. 237.

41 *Kant*: Zum ewigen Frieden, S. 357.

42 *Kant*: Zum ewigen Frieden, S. 354.

43 *Kant*: Zum ewigen Frieden, S. 355. Ähnliche Einschätzung bei *Radbruch,* S. 298 f.: „Das Bild, das das Souveränitätsdogma von dem Nebeneinander der Staaten bietet, ist ... das ... einer Arena voller Raubtiere, von denen jedes beansprucht, den Platz allein zu behaupten, und die, unfähig, einander zu vernichten oder zu vertreiben, einstweilen in widerwilliger Duldung fauchend und knurrend umeinander herumzustreichen.“

44 Dazu auch *Eberl/Niesen,* S. 237; *Brandt*: Vom Weltbürgerrecht, S. 100; *Patzig,* S. 20, und *Höffe*: „Königliche Völker“, S. 168.

45 Dazu auch *Chevenal*: Philosophie in weltbürgerlicher Bedeutung, S. 593.

> gilt, ‚aus diesem Zustande herausgehen zu sollen‘ (weil sie als Staaten innerlich schon eine rechtliche Verfassung haben und also dem Zwange anderer, sie nach ihren Rechtsbegriffen unter eine erweiterte gesetzliche Verfassung zu bringen, entwachsen sind) …“.[46]

Die Differenz zwischen Individuen und Staaten im jeweiligen Naturzustand liegt nach Kant also darin, dass Staaten schon im Inneren rechtlich verfasst sind, während die Individuen im gegenseitigen Verhältnis allenfalls provisorische, d.h. ungesicherte Rechte haben.[47] Mit dem innerstaatlichen Gewaltmonopol erübrige sich die Errichtung einer supranationalen Rechtsordnung.[48] Für Kant gibt es scheinbar „kein staatsadressiertes Analogon zum individuenadressierten Postulat des öffentlichen Rechts“.[49]

4. Argument(e) gegen den Universalstaat

Als drittes Argument zugunsten des „Völkerbunds“ führt Kant – quasi als gedankliche Kontrastfolie – das Alternativmodell der „Universalmonarchie“ ein.[50] Dabei handelt es sich um eine die anderen Staaten „überwachsende … Macht“ in Gestalt eines Staates, der „die ganze Welt beherrscht“. In moderner Diktion könnte dieses Modell auch als hegemonialer und zentralistischer Universalstaat bzw. als Imperium bezeichnet wer-

---

46 *Kant*: Zum ewigen Frieden, S. 355 f.

47 Dazu *Cavallar*: Pax Kantiana, S. 205 ff.; *Eberl/Niesen*, S. 237, und *Geismann*: Kants Lehre vom Rechtsfrieden, S. 367: Die Staaten setzen beim Ausgang aus dem Naturzustand „auch etwas aufs Spiel – nämlich das im Innern bereits verwirklichte Maß an rechtlicher Verfasstheit, also genau dasjenige, was gewissermaßen durch Ausweitung global allererst geschaffen werden soll“.

48 Vgl. *Gerhardt*: Immanuel Kants Entwurf „Zum ewigen Frieden“, S. 93 f.: „Das für die Schaffung des innerstaatlichen Friedens notwendige Gewaltmonopol (im Inneren eines Staates) deckt rechtstheoretisch noch den Aufbau einer überstaatlichen Friedensordnung ab.“ Dazu auch *Vorländer*: Kant und der Gedanke des Völkerbundes, S. 43 f.; *Wood*: Kants Entwurf zum ewigen Frieden, S. 81; *Lutz-Bachmann*, S. 41 ff., und *Rademacher*, S. 163.

49 *Kersting*: Kant über Recht, S. 151.

50 Vgl. *Eberl/Niesen*, S. 179 f. Dazu auch *Jaspers*: Kants „Zum ewigen Frieden“, S. 208.

den.[51] In realhistorischer Hinsicht mag Kant an das Reich des spanischen Königs Philipp II. (1527–1598), in dem „die Sonne nie unterging“, gedacht haben.[52] Ideengeschichtlich konnte ihm insbesondere die Idee einer „république universelle“, die Anarchasis Cloots in den Jahren 1972/93 entwickelt hat, als Referenzpunkt dienen.[53] Cloots war gebürtiger Preuße, hatte aber schon vor 1789 lange in Frankreich gelebt und gewirkt und war nach der Revolution nach Paris zurückgekehrt, um sich in der und für die Französische Revolution zu engagieren. Er wurde französischer Staatsbürger, politisch i.W. für die Girondisten aktiv und nicht zuletzt aufgrund seines Entwurfes einer Universalrepublik und auf Veranlassung von Robespierre 1794 hingerichtet.[54] Cloots ist davon überzeugt, dass nur die Universalrepublik dauerhaft den Frieden gewährleisten kann.[55] Sein Postulat der Universalrepublik ruht vernunftrechtlich auf zwei Säulen. Cloots geht – erstens – davon aus, dass die Anerken-

---

51 Vgl. *Kleingeld*: Kant and Cosmopolitism, S. 48: „The universal monarchy is the hegemonic state that brings about a world state by swallowing up all others.“ Ähnlich *Beestermöller,* S. 53: „Eine Universalmonarchie würde bedeuten, dass sich ein einzelner Staat alle übrigen einverleiben würde, indem er seine Gesetze über alle Menschen ausdehnte.“ Zum aktuellen Begriff des Imperiums siehe u.a. *Krell/Schlotter,* S. 87 ff. m.w.N.; insbesondere ebd., S. 88: „Von ihrer Idee her sind Imperien tendenziell grenzenlos, sie beanspruchen die Beherrschung der zur jeweiligen Epoche bekannten Welt.“ Zur Differenz von Imperium und Hegemonie siehe *Menzel*: Die Ordnung der Welt, S. 29 ff.

52 So die Vermutung bei *Höffe*: Kant als Theoretiker der internationalen Rechtsgemeinschaft, S. 495. Zu Philipp II. von Spanien siehe u.a. *Salewski,* S. 653 ff., und 669 ff.

53 Zum Entwurf der Weltrepublik bei Cloots siehe u.a. *Stern,* S. 155 ff.; *ter Meulen*: Zweiter Band, S. 21 ff.; *Mortier,* S. 239 ff., und *Labbé,* S. 259 ff.

54 Zu Leben und Wirken von Anarchasis Cloots siehe die Werkbiografien von *Mortier,* passim, und *Labbé,* passim, sowie die Kurzbiografien bei *Poulsen*: A Cosmopolitan Respublica in the French Revolution, S. 45 ff., und *ders.*: Anarchasis Cloots, S. 95 ff. Zum Grund der Hinrichtung anschaulich *Chevenal*: Der kosmopolitische Republikanismus, S. 377: „Mit Cloots wurde die kosmopolitische Dimension der Revolution buchstäblich exekutiert.“

55 *Cloots*: La république universelle, S. 265.

nung der Menschenrechte, wie sie in der Déclaration des Droits de l’homme et du citoyen von 1789 niedergelegt sind, notwendig über ihre Verwirklichung in Einzelstaaten hinaus drängt; ihr universeller Charakter könne nur in der (globalen) Universalrepublik verwirklicht werden.[56] Sie bilden zugleich die Grundlage für den globalen Gesellschaftsvertrag, der die Legitimität der Weltrepublik sichert.[57] Zweitens kann sich Cloots die Volkssouveränität – anders als Kant (s.o. 2. b)) – nur als ungeteilte Souveränität der gesamten Menschheit vorstellen.[58] Aus der universellen Geltung der Menschenrechte „résulte nécessairement la souveraineté solidaire, indivisble du genre humain, car nous voulons la liberté plénière, intacte, irrésistible, nous ne voulons pas d’autre maître que l’expression de la volonté générale absolue, suprême“.[59] Neben dieser deutlichen Anlehnung an Rousseau findet sich auch eine deutliche Ablehnung von Montesquieus These von der klimatischen Dependenz der politischen Herrschaftsform.[60] Aus der Souveränitätsthese folgt die Ablehnung eines Staaten- oder Völkerbundes zugunsten der einheitlichen Weltrepublik auf kontraktualistischer Grundlage.[61] Cloots Universalrepublik ist konsequent antiföderal.[62] Ferner wird aus dem menschenrechtlichen Ausgangspunkt gefolgert, dass nicht die Staaten, sondern die Individuen das Legitimitätsfundament der Universalrepublik bilden; die Universalrepublik

---

56 *Cloots*: L’Orateur du genre humain, S. 160: „… les droits de l’homme, trouvés sous les fondements de la constitution française, seront pour les humains le signal de la république universelle.“ Dazu auch *Chevenal*: Der kosmopolitische Republikanismus, S. 390 f.

57 Vgl. *Chevenal*: Der kosmopolitische Republikanismus, S. 379: „Cloots betrachtet die *Déclaration des droits de l’homme* als konstitutionelle Grundlage einer Weltrepublik und als *„contrat universel“* oder *„contrat primitif“* aller Menschen.“ (Hervorhebungen im Original).

58 *Cloots*: La république universelle, S. 248: „… deux souverains sur la terre sont aussi absurdes que deux dieux dans le ciel.“

59 *Cloots*: Bases constitutionelles, S. 476.

60 Vgl. *Cloots*: La république universelle, S. 249: „… la liberté, quoi qu’en dise Montesquieu, est une plante qui s’acclimate partout.“

61 Dazu u.a. *Bevilaqua*, S. 555 ff.

62 Dazu *Chevenal*: Der kosmopolitische Republikanismus, S. 384 ff.

ist eine „confédération des individus".[63] Schließlich führt Cloots noch zwei pragmatische Argumente gegen den Weltföderalismus an. Zum einen hält er eine föderalistische Fragmentierung für gefährlich, weil die „corporations" sich schwerer der allgemeinen Rechtsmacht fügten als die Individuen.[64] Zum anderen würden mit der Beseitigung der föderalen Fragmentierung auch die internen Streitigkeiten beendet, denn die globale Einheitsrepublik könne nicht „Krieg gegen sich selbst" führen.[65] Allerdings wird – so Cloots – die Universalrepublik lokale religiöse und kulturelle Differenzen achten.[66] Das auf der Grundlage einer universellen Verfassung konstituierte Weltparlament wird sich aus bis zu zweitausend Abgeordneten aus allen Teilen der Welt zusammensetzen und einen Exekutivrat einsetzen.[67] Sitz der Einheitskammer soll Paris werden.[68] Die Verwirklichung der Universalrepublik werde von Frankreich ausgehen, denn „la révolution de France est le commencement de la révolution du monde".[69] Cloots skizziert einen historischen Prozess, in dem sich die Staaten „wie die Wolken am Himmel" auflösen und zu Departements zunächst Frankreichs und dann der Universalrepublik werden.[70] Diese Entwicklung wird auch nicht durch den vermeintlichen Widerwillen der Staaten gehindert, denn sie sei „fondée sur l'intérêt générale".[71] Insgesamt modelliert Cloots einen Welt-Republikanismus auf der Grundlage zentralstaatlicher Souveränität.

---

63 *Cloots*: L'Orateur du genre humain, S. 158. Ebenso *ders.*: La république universelle, S. 244. Siehe dazu auch *ter Meulen*: Zweiter Band, S. 24.

64 *Cloots*: La république universelle, S. 244.

65 *Cloots*: La république universelle, S. 245. Dazu u. a. *Poulsen*: Anarchasis Cloots, S. 112.

66 *Cloots*: La république universelle, S. 250; *ders.*: Bases constitutionelles, S. 478. Dazu *Bevilaqua,* S. 566 ff., und *ter Meulen*: Zweiter Band, S. 26.

67 Vgl. *Bevilaqua,* S. 564 f., und *ter Meulen*: Zweiter Band, S. 26.

68 *Cloots*: Bases constitutionelles, S. 480 ff.

69 *Cloots*: La république universelle, S. 266.

70 *Cloots*: Bases constitutionelles, S. 475. Das „Wolken"-Zitat findet sich bei *Cloots*: L'Orateur du genre humain, S. 159.

71 *Cloots*: La république universelle, S. 247.

Ob Kant die Schriften Cloots gekannt hat, ist nicht überliefert; dass er die Grundgedanken zur Kenntnis hat nehmen können, ist aufgrund seines lebhaften Interesses für die Ereignisse und Grundgedanken der Französische Revolution zumindest wahrscheinlich. Jedenfalls liefern sie ein anschauliches Beispiel für das Modell der „Universalmonarchie“, das Kant nachdrücklich ablehnt. Er stützt diese Ablehnung auf drei Teilargumente.

a) Das Steuerungsargument

Das Steuerungsargument steht in diametralem Gegensatz zur Auffassung von Cloots. Es besagt, dass der Universalstaat objektiv nicht in der Lage sei, die globale Durchsetzung des Rechts zu gewährleisten.[72] Der normative Steuerungsverlust sei unvermeidlich, „weil die Gesetze mit dem vergrößerten Umfange der Regierung immer mehr an ihrem Nachdruck einbüßen …“.[73] Eine nähere Begründung oder empirische Belege für diese Einbuße liefert Kant nicht.

b) Das Despotie-/Anarchie-Argument

Neben dem normativen Steuerungs- und dem damit verbundenen Kontrollverlust droht dem Universalstaat bzw. seinen Bürgerinnen und Bürgern noch eine weitere, nunmehr politische Gefahr. Denn nach Kants Prognose verfalle die „Universalmonarchie“ in einen „seelenlosen(n) Despotismus“ und, nachdem er die Keime des Guten ausgerottet hat, „zuletzt doch in Anarchie“.[74] Damit sind die in der Kantischen Rechts- und Staatsphilosophie höchsten Gefahren benannt.

Der Despotismus wird im Ersten Definitivartikel bezeichnet als das staatsrechtliche Prinzip „der eigenmächtigen Vollziehung des Staats von Gesetzen, die er selbst gegeben hat, mithin der öffentliche Wille, sofern er von dem Regenten als sein Privat-

---

72 Dazu u.a. *ter Meulen*: Erster Band, S. 335; *Höffe*: „Königliche Völker“, S. 232, und *ders.*: Völkerbund oder Weltrepublik?, S. 89.

73 *Kant*: Zum ewigen Frieden, S. 367.

74 *Kant*: Zum ewigen Frieden, S. 367.

wille gehandhabt wird".[75] An anderer Stelle wird er definiert als „Verfassung, die alle Freiheit der Unterthanen, die alsdann gar keine Rechte mehr haben, aufhebt"[76], in der es also keine „Unterthanen als *Staatsbürger*" gibt.[77] Eine despotische Regierung reduziert die Staatsbürgerinnen und Staatsbürger auf bloße Untertanen, betrachtet den Staat als privaten Herrschaftsbereich, missachtet die Trennung der staatlichen Gewalten und wird damit zum „Kirchhofe der Freiheit".[78] Der Despotismus liefert insgesamt die absolute Negativfolie für die Republik und die republikanische Regierungsart.[79]

Die Anarchie als von Kant prognostiziertes Endstadium der „Universalmonarchie" führt den Staat in den Naturzustand zurück. Es wird also wieder derjenige Zustand erreicht, den zu verlassen für das Recht und den Frieden unabdingbar und eine Rechtspflicht ist. Damit wird der Universalstaat real zum Paradox und philosophisch zu einem Begriff, der sich selbst ad absurdum führt. Neben dem Konnex mit dem Steuerungsargument bleibt Kant jedoch auch für das beschriebene Abdriften der „Universalmonarchie" eine nähere Begründung schuldig.

c) Das Natur-Argument

Schließlich führt Kant gegen den Universalstaat keine geringere als die Natur selbst ins Feld, denn

> „die Natur will es anders- Sie bedient sich zweier Mittel, um Völker von der Vermischung abzuhalten und sie abzusondern, der Verschiedenheit der Sprachen und der Religionen, die zwar den Hang zum wechselseitigen Hasse und Vorwand zum Kriege bei sich führt, aber doch bei anwachsender Cultur und der allmähligen Annäherung der Menschen zu größerer Einstimmung in Principien zum Einverständnisse in einem Frieden leitet, der nicht wie jener Despotism (auf dem

75 *Kant*: Zum ewigen Frieden, S. 352.

76 *Kant*: Gemeinspruch, S. 291.

77 *Kant*: Rechtslehre, S. 339.

78 *Kant*: Zum ewigen Frieden, S. 367.

79 Ebenso u.a. *Kersting*: Wohlgeordnete Freiheit, S. 290 ff., und *Jaspers*: Kants Schrift „Zum ewigen Frieden", S. 235.

Kirchhofe der Freiheit) durch Schwächung aller Kräfte, sondern durch ihr Gleichgewicht im lebhaftesten Wetteifer derselben hervorgebracht und gesichert wird.“[80]

Die historische Tatsache der Differenz von Staaten hinsichtlich „der Sprachen und der Religionen“ wird teleologisch aufgeladen zu einem „natürlichen“ Instrument zur Abwehr des Universalstaates. Diese Differenz sorgt für die Beibehaltung nationaler Identitäten; sie treibt zwischenstaatlich „zum lebhaftesten Wetteifer“ an und verhindert damit die „Schwächung aller Kräfte“. Diese Argumentationskette steht in engem Zusammenhang mit Kants These, dass der „Antagonism“ – zwischen Menschen wie zwischen Staaten – als Motor der Kultur und des Fortschritts anzusehen ist.[81] Bezogen auf die Individuen hatte Kant den „Antagonism“ in der „Idee zu einer allgemeinen Geschichte in weltbürgerlicher Absicht“ bekanntlich beschrieben als „ungesellige Geselligkeit“, die die „Neigung sich zu vergesellschaften“ mit der „Neigung sich zu vereinzelnen (isoliren)“ vereint.[82] Die „Zwietracht“, die aus diesem Miteinander notwendig erwächst, bringt den Menschen dazu, „seinen Hang zur Faulheit zu überwinden, und, getrieben durch Ehrsucht, Herrschsucht und Habsucht, sich einen Rang unter seinen Mitgenossen zu verschaffen, die er nicht wohl *leiden,* von denen er aber auch nicht *lassen* kann“. Ohne diese „Zwietracht“ würden „in einem arkadischen Schäferleben bei vollkommener Eintracht, Genügsamkeit und Wechselliebe alle Talente auf ewig in ihren Keimen verborgen bleiben“. Am Ende dieser Analyse kann Kant ausrufen:

„Dank sei also der Natur für die Unvertragsamkeit, für die mißgünstig wetteiferne Eitelkeit, für die nicht zu befriedigende Begierde zum Haben oder auch zum Herrschen! Ohne sie würden alle vortrefflichen Naturanlagen in der Menschheit ewig unentwickelt schlummern.

---

80 *Kant*: Zum ewigen Frieden, S. 367.

81 Ebenso *Höffe*: Kants Kritik der praktischen Vernunft, S. 285 ff., und *Gerhardt*: Immanuel Kants Entwurf „Zum ewigen Frieden“, S. 96.

82 *Kant*: Idee, S. 21; die folgenden Zitate ebd. (Hervorhebungen im Original). Dazu auch *Wood*: Ungesellige Geselligkeit, S. 35 ff.; und *Furgeson,* S. 150 ff. Zur Bedeutung der „ungeselligen Geselligkeit“ für den (politischen) Fortschritt siehe auch *Euchner,* S. 392 ff.

Der Mensch will Eintracht; aber die Natur weiß es besser: sie will Zwietracht …"[83]

In der „Universalmonarchie" wären die Vielfalt und damit der Wettstreit der Staaten eliminiert. Die Kräfte dieses produktiven Wettstreits wären nachhaltig geschwächt und die Entwicklung der Naturanlagen der Menschheit dauerhaft gehemmt.[84] So wie die Natur zwischen den Individuen mit den divergierenden Neigungen für die „ungesellige Geselligkeit" gesorgt hat, so hat sie – nach Kant – im Verhältnis der Staaten zueinander mit der Diversität der Sprachen und Religionen den „lebhaftesten Wetteifer" entfacht, der zugleich als Motor des Fortschritts und als Hemmschuh des Universalstaats dient.[85] Der „Völkerbund" ist also kein „Zustand der Spannungslosigkeit, der Kirchhofsruhe", sondern des potentiellen produktiven Konflikts, der allerdings rechtsförmig und nicht durch Krieg auszutragen ist.[86]

5. Die Ablehnung des Balance-Modells

Aufgrund der zeitgeschichtlich-politischen Umstände und der sie legitimierenden Ideen stand Kant das Modell des Gleichgewichts der Kräfte und Mächte deutlich vor Augen.[87] Ob er Justis Verdikt der „Chimäre des Gleichgewichts in Europa" von 1758 kannte, ist nicht überliefert.[88] Noch in den 1770'er Jahren

---

83 *Kant*: Idee, S. 21.

84 Zum Konnex zwischen Despotismus und der Zerstörung der Keime des Guten im Menschen siehe auch *Wood*: Kants Entwurf zum ewigen Frieden, S. 74.

85 Ebenso die Analyse bei *Gerhardt*: Immanuel Kants Entwurf „Zum ewigen Frieden", S. 96: „Wenn nicht alles politische Leben zum Stillstand kommen soll, dann bedarf es weiterhin der praktisch behaupteten und gestalteten Differenz zwischen den einzelnen Staaten. – … Aufs Ganze gesehen aber muss es bei der Vielfalt der Einzelstaaten bleiben, wenn die politische Welt in Bewegung und damit auch der Sinn politischen Handelns erhalten bleiben soll."

86 Zitat bei *von Raumer*, S. 162.

87 Dazu *Cavallar*: Pax Kantiana, S. 184 m. w. N.

88 Schon *Justi*, S. 1 ff., hatte das Balance-Modell und die seinerzeit herrschende Gleichgewichtstheorie verworfen.

hält er – allerdings im innerstaatlichen Verhältnis – „das Gleichgewicht im Recht [für] das Merkmal zivilisierter Nationen“.[89] Eine Abkehr könnte mit dem 3. Präliminarartikel erfolgt sein, der stehende Heere und damit die zeitgenössische Grundlage für die Kräfte-Balance zwischen den Staaten thematisiert und zugleich verbietet.[90] In der „Rechtslehre“ ist dann von einem „Recht des Gleichgewichts aller einander thätig berührenden Staaten“ die Rede.[91] Es handelt sich hier aber um ein Recht im Naturzustand der Staaten, das im Kontext der Erörterung des „Rechts zum Kriege“ angesiedelt ist und daher nicht den Anspruch auf den Status eines peremtorischen Rechts der Staaten erheben kann. Das abschließende Verdikt des Gleichgewichtsmodells findet sich dann im „Gemeinspruch“:

> „… denn ein dauernder allgemeiner Friede durch die so genannte Balance der Mächte in Europa ist, wie Swifts Haus, welches von einem Baumeister so vollkommen nach allen Gesetzen des Gleichgewichts erbauet war, dass, als sich ein Sperling drauf setzte, es sofort einfiel, ein bloßes Hirngespinst.“[92]

Aus diesem Sperlingsargument nebst den weiteren Nachweisen lassen sich zumindest drei Teilargumente extrahieren.[93] Zunächst wird Kants Ansicht erkennbar, dass eine Balance der Mächte, auch wenn sie feinsinnig erdacht und austariert scheint, als Instrument zur dauerhaften Rechts- und Friedenssicherung nicht taugt. Sie kann „bloß den kurzen Frieden zustande“ bringen.[94] Jede Balance ist potentiell anfällig für grundlegende Gewichtsverschiebungen. Zweitens wird nicht zuletzt aus der „Rechtslehre“ deutlich, dass das Gleichgewichtssystem den Krieg nicht ausschließt. Schließlich und drittens kann mit dem und im Balance-Modell der zwischenstaatliche Naturzustand nicht überwunden werden. Insgesamt soll neben der Ablehnung

---

89 *Kant*: Refl. Nr. 7825, AA XIX, S. 527.

90 So *Hackel*, S. 38.

91 *Kant*: Rechtslehre, S. 346 (§ 56).

92 *Kant*: Gemeinspruch, S. 312 (Hervorhebungen im Original).

93 Zum Folgenden *Cavallar*: Pax Kantiana, S. 185.

94 *Saner*: Kants Weg, S. 269.

des Universalstaates auch das Verdikt des Balance-Modells die Kantische Konzeption vom „Völkerbund“ stützen.[95]

6. Struktur und Aufgabe des Völkerbunds

Anders als etwa der Abbé de Saint-Pierre entwirft Kant keine detaillierte Organisationstruktur für den „Völkerbund“. Er liefert keinen elaborierten Verfassungsentwurf, sondern eher Prinzipien als normative Konkretion.[96] In der „Rechtslehre“ beschreibt Kant den „Völkerbund“ als „allgemeinen Staatenverein“ und als

> „permanenten Staatencongreß …, zu welchem sich zu gesellen jedem benachbarten [Staat] unbenommen bleibt …; dergleichen … in der ersten Hälfte dieses Jahrhunderts in der Versammlung der Generalstaaten im Haag noch statt fand; wo die Minister der meisten europäischen Höfe und selbst der kleinsten Republiken ihre Beschwerden über die Befehdungen, die einem von dem anderen widerfahren waren, anbrachten und so sich ganz Europa als einen einzigen föderirten Staat dachten, den sie in jener ihrer öffentlichen Streitigkeiten gleichsam als Schiedsrichter annahmen.“[97]

Da sich die beteiligten Staaten aber keinen „öffentlichen Gesetzen und einem Zwange unter denselben unterwerfen dürfen“[98], weist der „Völkerbund“ weder eine eigenständige Legislative noch eine entsprechende Exekutive auf.[99] Allein die „Schiedsrichter“-Funktion deutet auf das Erfordernis von zumindest rudimentären judikativen Elementen zur Streitschlich-

95 Zur definitiven Ablehnung des Balance-Modells durch Kant siehe *Saner*: Kants Weg, S. 269, und *ter Meulen*: Erster Band, S. 320; differenziert *Cavallar*: Pax Kantiana, S. 183 ff.

96 Ebenso *Chevenal*: Philosophie in weltbürgerlicher Bedeutung, S. 573, 583; *Höffe*: Einleitung, S. 3 f., und *Eberl/Niesen,* S. 232.

97 *Kant*: Rechtslehre, S. 350 (§ 61; Hervorhebungen im Original). Zur Gleichsetzung der Begriffe des Völkerbundes und des Staatenkongresses siehe u. a. *Ripstein*: Force and Freedom S. 227, 229 ff.; dagegen *Hruschka,* S. 140 ff.

98 *Kant*: Zum ewigen Frieden, S. 356.

99 Ebenso *Eberl/Niesen,* S. 144 f.

tung mit entsprechender institutioneller Ausgestaltung hin.[100] Jenseits des Hinweises auf die „Versammlung der Generalstaaten im Haag“ liefert Kant – soweit ersichtlich – keine Konkretion dieser Ausgestaltung.[101] Die Schwelle zum Status eines Staates überschreitet der „Völkerbund“ damit allerdings noch nicht.[102] Er ist beschränkt auf „an institutional context for conflict resolution“.[103]

Eine Konkretion lässt sich insbesondere nicht aus der Aufgabenbeschreibung für den „Völkerbund“ ableiten. Denn auch diese Beschreibung fällt äußerst knapp aus. Funktion und Befugnisse des „Völkerbundes“ werden reduziert „auf Erhaltung und Sicherung der *Freiheit* eines Staats für sich und zugleich anderer verbündeter Staaten“.[104] Vor diesem Hintergrund ist diese Staatenverbindung auch als „Nachtwächterstaat oder Minimalstaat“ beschrieben worden.[105] Aus Kants „Vorarbeiten zur Rechtslehre“ ist zudem ein Konnex zwischen dieser Aufgaben-

---

100 Ähnlich *Ripstein*: Force and Freedom, 225 ff. Siehe auch *Eberl/Niesen*, S. 247: „Die Einrichtung des permanenten Kongresses besagt ohne jede weitere vertragliche Festlegung, dass die gemeinsame autoritative Bearbeitung von Staatenkonflikten an die Stelle (in subsidium) der eigenmächtigen Beurteilung von Läsionen und der einseitigen Entscheidung über den Angriffskrieg tritt.“

101 Zur Vorbildfunktion des permanenten Staatenkongresses im Haag siehe *Hruschka*, S. 142 ff., der ebd., S. 146 eine Parallele zu den „runden Tischen“ der jüngeren Vergangenheit zieht. In beiden Fällen handele es sich jeweils um „eine lose, lockere, nicht-förmliche, nicht-verrechtlichte Verbindung von Personen, die tatsächliche Gespräche verschiedener Parteien und Gruppierungen miteinander ermöglicht“.

102 Ebenso *Höffe*: Kant als Theoretiker der internationalen Rechtsgemeinschaft, S. 497.

103 *Kleingeld*: Kant and Cosmopolitism, S. 68.

104 *Kant*: Zum ewigen Frieden, S. 356 (Hervorhebung im Original); ebenso auch ebd., S. 385. Dazu auch *Vorländer*: Kant und der Gedanke des Völkerbundes, S. 43.

105 *Höffe*: Kant als Theoretiker der internationalen Rechtsgemeinschaft, S. 492, allerdings hier unter zweifelhafter Verwendung der Bezeichnung „Staat“. Vgl. ebd., S. 494: „Der Völkerbund besteht … in einer Rechtsgemeinschaft ohne irgendeinen Souveränitätsverzicht der Beteiligten, also in einer Staatlichkeit ohne Staatscharakter.“

beschreibung und der kompetenziellen sowie institutionellen Reduktion des „Völkerbundes" zu entnehmen:

> „Der Grund warum diese cosmopolitische Föderation nicht auf Gesetzgebung und Rechtsverwaltung selbst für die Glieder dieser weltbürgerlichen Societät gehen darf mithin keine Cosmopolitische republik gestiftet werden darf ist weil die bloße äußerer Freiheit allein das Object ist was sie zu verlangen berechtigt sind mithin nur die formale Bedingung aller Rechte in einem bürgerlichen Ganzen aber auch materie der Willkühr das Eigenthum u. was dazu gehört besorgt werden soll."[106]

Die auffällige institutionelle Unterbestimmtheit des „Völkerbundes" muss indessen nicht als theoretischer Makel gewertet werden. Sie eröffnet der staatlichen Weltgemeinschaft einen Gestaltungsspielraum, der in der jeweiligen historischen Konstellation im Rahmen der für den „Völkerbund" skizzierten Prinzipien institutionell ausgefüllt werden kann und muss.[107]

7. Der Status des „Völkerbunds" als „negatives Surrogat"

Nach der vorstehend referierten und eindeutigen Abkehr von der Konzeption eines staatsanalogen „Völkerstaates" zugunsten der institutionell lockeren und teleologisch minimalistischen Konstruktion des „Völkerbundes" beendet Kant seine Ausführungen zum Zweiten Definitivartikel der „Friedensschrift" mit einer prima facie „verwirrende(n) Passage":

> „Für Staaten im Verhältnisse unter einander kann es nach der Vernunft keine andere Art geben, aus dem gesetzlosen Zustande, der lauter Krieg enthält, heraus zukommen, als daß sie eben so wie einzelne Menschen ihre wilde (gesetzlose) Freiheit aufgeben, sich zu öffentlichen Zwangsgesetzen bequemen und so einen (freilich immer wachsenden) Völkerstaat (civitas gentium), der zuletzt alle Völker der

---

106 *Kant*: Vorarbeiten zur Rechtslehre, S. 352 f.

107 Ebenso *Chevenal*: Philosophie in weltbürgerlicher Bedeutung, S. 573: Es ist „klar, dass für Kant nicht die Ausarbeitung der konkreten Form dieses Völkerstaats im Vordergrund stand und dass er diese intellektuelle Übung auch für wenig sinnvoll hielt. Was Menschen in ihrer Geschichte in einem politischen Prozess von freier Meinungsäußerung konkretisieren müssen, kann nicht vom Philosophen festgelegt werden".

Erde befassen würde, bilden. Da sie dieses aber nach ihrer Idee vom Völkerrecht durchaus nicht wollen, mithin, was in thesi richtig ist, in hypothesi verwerfen, so kann an die Stelle der positiven Idee einer Weltrepublik (wenn nicht alles verloren werden soll) nur das negative Surrogat eines den Krieg abwehrenden, bestehenden und sich immer ausbreitenden Bundes den Strom der rechtscheuenden, feindseligen Neigung aufhalten, doch mit beständiger Gefahr ihres Ausbruchs ...".[108]

Der Begriff des Surrogats weist deutlich darauf hin, dass es sich beim „Völkerbund" nach Kants Ansicht um einen „Ersatzstoff" handelt, „der die volle Leistung gerade nicht erbringt".[109] Es wird im Hinblick auf das Ausgangsproblem, nämlich die Überwindung des zwischenstaatlichen Naturzustands konzediert, dass der „Völkerbund" nur eine unzureichende Lösung darstellt. Als „These", d.h. als widerspruchslos anzunehmende Lösung kann allein der „Völkerstaat" angesehen werden.[110] Die Verwirklichung dieser „positiven Idee der Weltrepublik" wird jedoch von Kant offensichtlich für unrealistisch gehalten, da die Staaten „nach ihrer Idee vom Völkerrecht", die den erforderlichen Souveränitätsverzicht nicht zulässt, einem entsprechenden Projekt ablehnend gegenüberstehen. Als Maximum des Erreichbaren, als realistisch kleinster gemeinsamer Nenner oder als „zweitbester Weg" bleibt – „wenn nicht alles verloren werden soll" – nur der „Völkerbund" als Surrogat, als defizienter Modus des eigentlich von der Rechtsvernunft Vor- und Aufgegebenen.[111]

---

108 *Kant*: Zum ewigen Frieden, S. 357 (Hervorhebung im Original). Die Bezeichnung dieser Passage als „verwirrend" findet sich bei *Cavallar*: Pax Kantiana, S. 209. Ähnlich *Kleingeld*: Kant's theory of peace, S. 484.

109 So *Höffe*: „Königliche Völker", S. 230; ähnlich schon *ders.*: Kategorische Rechtsprinzipien, S. 272 f. Bei *Hruschka*, S. 130, ist der Kantische Völkerbund „nur ein kümmerlicher Ersatz für den Völkerstaat".

110 Zur Erläuterung des Begriffspaars thesi/hypothesi siehe *Eberl/Niesen*, S. 241 ff.

111 Ebenso *Cheneval*: Philosophie in weltbürgerlicher Bedeutung, S. 599; *Gerhardt*: Immanuel Kants Entwurf „Zum ewigen Frieden", S. 104; *Höffe*: Geschichte des politischen Denkens, S. 315, und *Bohman*, S. 88. Zu diesem Paradox auch *Kersting*: Kant über Recht, S. 160: Die

IV. Weltföderalismus bei Kant

1. Der kontraktualistische und der rechtstheoretische Widerspruch

Gewichtige Teile der Kant-Literatur gehen – i. E. überzeugend – davon aus, dass das Postulat eines bloßen assoziativen Bundes uneingeschränkt souveräner Staaten im Widerspruch zu den Prämissen steht, aus denen es folgen soll.[112] Die grundlegende Prämisse liegt in der Annahme einer Analogie von Individuen und Staaten im Hinblick auf den jeweiligen Naturzustand (s. o. IV. 1.). Wie die Menschen, so befinden sich nach Kant auch die Staaten im Naturzustand, in dem ihre Rechte auf Existenz und Selbstbestimmung ungesichert und deren Durchsetzung letztlich von der Anwendung von Gewalt abhängig ist. Wie die individuellen, so tragen auch die staatlichen Rechte im zwischenstaatlichen Naturzustand lediglich provisorischen Charakter.[113] In konsequenter Fortführung der Analogie überträgt Kant auch das zur Staatserrichtung verpflichtende Postulat des exeundum esse statu naturali auf das zwischenstaatliche Verhältnis.[114] Auch die Staaten müssen – gleichsam auf einer höheren Ebene – vom Natur- in den Rechtszustand übergehen. Voraussetzung der Transformation von provisorischen Rechten in peremtorische Rechte ist auch hier die Errichtung einer „öffentlichen" Rechtsordnung.[115] Dazu führt Kant in der „Rechtslehre" aus:

Rechtsvernunft gerät „in eine missliche Lage: was sie einerseits um des Rechts willen gebieten muss, die Errichtung eines Völkerstaats, muss sie andererseits um des Rechts willen für unmöglich erklären". Bezeichnung als „zweitbester Weg" bei *Höffe*: Kants Kritik der praktischen Vernunft, S. 257.

112 Überblick u. a. bei *Kleingeld*: Kant's theory of peace, S. 483 ff.

113 Ebenso u. a. *Hackel,* S. 65.

114 *Höffe*: Kant als Theoretiker der internationalen Rechtsgemeinschaft, S. 492 ff. spricht von einer „Entsprechung". I. E. ebenso *Hodgson,* S. 103.

115 Vgl. *Unruh*: Die Herrschaft der Vernunft, S. 155: Der Übergang vom Natur- in den Rechtszustand lässt sich „als Übergang von der subjektiv-beliebigen zur allgemein-gesetzlich geregelten Sicherung" des provisorischen Rechts beschreiben.

„Da der Naturzustand der Völker eben so wohl als einzelner Menschen ein Zustand ist, aus dem man herausgehen soll, um in einen gesetzlichen zu treten: so ist vor diesem Ereigniß alles Recht der Völker und alles durch den Krieg erwerbliche oder erhaltbare äußere Mein und Dein der Staaten bloß provisorisch und kann nur in einem allgemeinen Staatenverein (analogisch mit dem, wodurch ein Volk ein Staat wird) peremtorisch geltend und ein wahrer Friedenszustand werden.“[116]

Die gebotene Verrechtlichung erfordert im Verhältnis der Individuen zueinander die Errichtung des Staates und im zwischenstaatlichen Verhältnis eine globale Rechtsordnung. Kants Antwort auf die Frage nach der Form bzw. Organisationsstruktur dieser Ordnung ist – wie gesehen – der „Völkerbund“ in Gestalt des „permanenten Staatenkongresses“.[117] Als Folgerung aus der grundlegenden Prämisse ist diese Antwort jedoch unzureichend, oder anders gewendet: Die Prämissen tragen die Folgerungen nicht.[118] Wenn nämlich das zwischenstaatliche Grundverhältnis – analog zum zwischenmenschlichen – als Naturzustand gelten kann und der Naturzustand nur durch die Errichtung einer öffentlichen Gewalt, die Recht *setzt* und *durchsetzt*, verlassen werden kann, dann bedarf es auch zur gebotenen Überwindung des zwischenstaatlichen Naturzustands der Errichtung einer staatsanalogen Organisation auf der Grundlage eines „ursprünglichen Vertrages“.[119] Die Argumentfiguren des Naturzustandstheorems und des ursprünglichen Kontrakts führen in ihrer Konsequenz notwendig zum Postulat der „Verrechtlichung“ auch auf globaler Ebene.[120] Die Einzelstaaten mö-

---

116 *Kant*: Rechtslehre, S. 350 (§ 61).

117 *Kant*: Rechtslehre, S. 350 (§ 61).

118 Ebenso statt vieler *Lutz-Bachmann*, S. 26. Ähnlich *Kersting*: Kant über Recht, S. 156: „Die Konklusion darf hinter den Prämissen nicht zurückstehen, die Lösung muss auf die Problemweite zugeschnitten sein.“, und *ders.*: Globale Rechtsordnung oder weltweite Verteilungsgerechtigkeit?, S. 263.

119 Zu Begriff, Funktion und Inhalten des ursprünglichen Vertrages zur Staatserrichtung siehe *Unruh*: Die Herrschaft der Vernunft, S. 165 ff. m. w. N.

120 *Kersting*: „Die bürgerliche Verfassung in jedem Staat soll republikanisch sein“, S. 90: „Der ewige Friede ist das Ergebnis der Verrechtlichung

gen innerlich nach vernunftrechtlichen Grundsätzen organisiert und strukturiert sein; sie bilden nur „Partialverrechtlichungen, Rechtsinseln innerhalb weltumspannender Gesetzlosigkeit".[121] Es bedarf zur Garantie des ewigen Friedens zwingend einer globalen Rechtsordnung, die durch eine weltstaatliche Organisation gesetzt und durchgesetzt wird.[122] Diese Kritik hatte i.Ü. Friedrich Gentz schon 1800 vorgebracht:

> „Eine rechtliche Verbindung setzt notwendig Zwang, und Zwang setzt eine oberste Gewalt voraus. An dieser fehlt es gänzlich in jedem Projekt eines Staatenbundes. Es gibt in allen diesen Projekten ... keine vollziehende Macht und folglich keine Garantie. Dies ist der wichtigste Umstand, der ihre radikale Untauglichkeit, nicht bloß in der Ausführung, sondern sogar – was besonders zu ihrer Verdammnis gereicht – in der bloßen Idee charakterisiert. – ... Sobald ein einzelner Staat oder eine Privatkoalition von mehreren ihr Interesse dabei finden, und sobald ihnen Kraft genug zu Gebote steht, sich dem gemeinschaftlichen Interesse zu widersetzen, fällt das ganze System über den Haufen."[123]

Die Überwindung des Naturzustands gelingt nur durch das Recht. Aus dem Vernunftgebot, den zwischenstaatlichen Naturzustand zu verlassen, folgt zwingend das Gebot der Errichtung einer globalen und supranationalen Rechtsordnung. Der das Recht sichernde Gesellschaftsvertrag „ist notwendigerweise ein Weltgesellschaftsvertrag; und die in ihm gründende politische

---

aller konfliktträchtigen Beziehungen in der Welt der äußeren Freiheit." Ebenso *Hodgson,* S. 103 ff. Gegen die Plausibilität der Differenzierung zwischen inner- und interstaatlicher Rechtsordnung auch *Nida-Rümelin,* S. 247 f.

121 *Kersting*: Globale Rechtsordnung oder weltweite Verteilungsgerechtigkeit?, S. 263.

122 Vgl. *Kersting*: Kant über Recht, S. 155: „... das kontraktualistische Argument ist aus systematischen Gründen, aus Gründen innerer argumentativer Konsistenz ein weltstaatsorientiertes, auf einen einzigen Staat zielendes Argument. ... Der Kontraktualismus ist notwendigerweise kosmopolitisch, der in ihm konstituierte rechtliche Zustand ist von globalem Ausmaß. Denn der Naturzustand ist so groß wie die Welt." Ebenso *ders.*: Globale Rechtsordnung oder weltweite Verteilungsgerechtigkeit?, S. 262 f. I.E. ebenso *Höffe*: „Königliche Völker", S. 225, 230, und *ders.*: Völkerbund oder Weltrepublik?, S. 81.

123 *Gentz,* S. 478 f.

Organisationsform zielt auf einen Weltstaat. Der Kontraktualismus unterläuft das Paradigma des Nationalstaats".[124] Indem sich Kant mit der Konfiguration des „Völkerbundes" dieser Konsequenz entzieht, begibt er sich in einen argumentativen Widerspruch zu den von ihm selbst formulierten Prämissen.

Ein weiterer Widerspruch ergibt sich aus rechtstheoretischen Überlegungen. Kant definiert das Recht als „Inbegriff der Bedingungen, unter denen die Willkür des einen mit der Willkür des anderen nach einem allgemeinen Gesetz der Freiheit zusammen vereinigt werden kann."[125] Diese Definition wirft eine Vielzahl von Interpretationsproblemen auf, denen hier nicht nachgegangen werden kann und soll.[126] Bemerkenswert ist hingegen, dass Kant das Recht begriffsanalytisch mit der Option seiner zwangsbewehrten Durchsetzung verknüpft:

> „... man kann den Begriff des Rechts in der Möglichkeit der Verknüpfung des allgemeinen wechselseitigen Zwanges mit jedermanns Freiheit unmittelbar setzen. ... Recht und Befugnis zu zwingen bedeuten also einerlei."[127]

Wenn für Kant also zur gebotenen Überwindung des zwischenstaatlichen Naturzustands die Etablierung eines Rechtszustands zwingend erforderlich ist, dann kann ein bloßer „Staa-

---

124 *Kersting*: Kant über Recht, S. 156. Ähnlich *Kleingeld*: Kant's theory of peace, S. 481, mit dem Hinweis, dass schon der Rechtsbegriff aufgrund seiner analytischen Verbindung zur Freiheit die Ebene des Einzelstaats „transzendiert".

125 *Kant*: Rechtslehre, S. 230 (§ B).

126 Zu Kants Rechtsbegriff siehe u.a. *R. Dreier*: Rechtsbegriff und Rechtsidee, S. 8 ff. (dazu wiederum *Alexy*: Ralf Dreiers Interpretation der Kantischen Rechtsdefinition, S. 95 ff.); *Höffe*: Der kategorische Rechtsimperativ, S. 52 ff.; *von der Pfordten*: Kants Rechtsbegriff, S. 27 ff.; *ders.*: Rechtsethik, S. 388 ff.; *Pogge*: Is Kant's Rechtslehre a „Comprehensive Liberalism"?, S. 76 ff., und *Kalscheuer*, S. 67 ff.

127 *Kant*: Rechtslehre, S. 232 (§ E, Hervorhebungen vom Verf.). Zur begriffsanalytischen Verknüpfung von Recht und Zwangsbefugnis bei Kant siehe u.a. *Höffe*: Der kategorische Rechtsimperativ, S. 55 ff., und *Unruh*: Die Herrschaft der Vernunft, S. 74 f. m.w.N. *Horn*, S. 46 ff., meint, einen Widerspruch zwischen der in Kants Rechtsbegriff enthaltenen Zwangsbefugnis und dem Grundbegriff der Autonomie erkannt zu haben.

tenkongress", eine zwang- und zahnlose, jederzeit kündbare Assoziation uneingeschränkt souveräner Staaten dieser Forderung unter keinen Umständen vollständig nachkommen.[128] Rechtsetzung und -durchsetzung kann der Kantische „Völkerbund" nicht leisten.[129] Mit und in ihm haben seine Mitgliedstaaten den zwischenstaatlichen Naturzustand noch nicht überwunden, und der globale Rechtszustand steht noch aus.[130]

2. Zur (In-)Validität der Kantischen Argumente

Es gelingt Kant auch nicht, diesen kontraktualistischen Widerspruch durch die beschriebenen und flankierenden Argumente zugunsten des „Völkerbunds" bzw. gegen den „Völkerstaat" aufzulösen. Dies kann – stellvertretend für alle[131] – an Einwän-

---

128 Vgl. *Geismann*: Kants Rechtslehre vom Weltfrieden, S. 381: Der „Völkerbund ist nichts als ein wechselseitiger Nichtangriffs- und Verteidigungspakt und ohne irgendeine – über den Verzicht auf Kriegsführung und die Bereitschaft zur Verteidigungshilfe hinausgehende – allgemeingesetzliche Bestimmung der Freiheitsräume der Mitgliedstaaten und ohne jede Sanktionsgewalt".

129 Ebenso *Kersting*: Globale Rechtsordnung oder weltweite Verteilungsgerechtigkeit?, S. 268: „Der Völkerbund stellt als fragile und transitorische, aller Staatlichkeit entbehrende Vertragsgemeinschaft eine völlig ungeeignete Organisationsform für die Verwirklichung des globalen Rechtsfriedens dar."

130 Ebenso *Kersting*: Kant über Recht, S. 161: „Kants Völkerbund [hat] den Naturzustand der Völker noch nicht verlassen ...". *Axinn*, S. 249, behauptet weiter gehend, dass ein „world government" ohne Zwangsgewalt eine contradicitio in adiecto sei. I.E. ebenso *Hodgson*, S. 126.

131 Zur unzulässigen Gleichsetzung der *Universalmonarchie* mit jeder Form von Weltstaatlichkeit (s.o. C.III.4.) siehe u.a. *Ellis*, S. 13: „Kant does not conflate all potential world states with the one he criticizes as despotic (universal monarchy)." Gegen das *Faktizitätsargument* (s.o. C.III.2.c)) führt *Hodgson*, S. 102, an, dass die Legitimität des Weltstaates ebenso wenig von der Zustimmung der Staaten abhängen könne wie die Legitimität des Staates von der faktischen Zustimmung der Bürgerinnen und Bürger. Gegen das *Differenzargument* (s.o. C.III.3.) überzeugend *Hodgson*, S. 108 f., mit dem Argument, dass Staaten jeweils nur Recht nach innen aber nicht in ihrem Verhältnis zu anderen Staaten schaffen können. In den internationalen Beziehungen bleibt es ohne übergeordnete Instanz (d.h. ohne Weltstaat) beim zwischenstaatlichen Naturzustand.

den gegen das *Souveränitätsargument* verdeutlicht werden, mit dem *Kant* moniert hatte, dass die Errichtung einer Weltrepublik notwendig mit dem rückstandslosen Souveränitätsverzicht der Mitgliedstaaten einhergehe.

Denn schon beim individuellen Übergang vom Natur- in den Rechtszustand unterwerfen sich die Individuen, von denen zuvor „jeder seinem eigenen Kopfe folgt(e) … einem öffentlich gesetzlichen äußern Zwange", damit aus provisorischen Rechten gesicherte, d.h. peremtorische Rechte werden.[132] Wie bei der rechtlichen Vergemeinschaftung der Individuen im Staat, so kommt es auch zu der erforderlichen globalen Rechtsordnung „nur durch entsprechende, jetzt einzelstaatliche Souveränitätsverzichte".[133] I.Ü. implizieren diese Souveränitäts- nicht zugleich auch Freiheitsverzichte. Schon beim Übergang vom Natur- in den Rechtszustand erster Stufe hatte Kant klargestellt, dass die Individuen keinen Freiheitsverlust erleiden. Vielmehr haben sie „die wilde gesetzlose Freiheit gänzlich verlassen, um [ihre] *Freiheit überhaupt* in einer gesetzlichen Abhängigkeit, d.i. in einem rechtlichen Zustande, *unvermindert* wieder zu finden, weil diese Abhängigkeit aus [ihrem] eigenen gesetzgebenden Willen entspringt".[134] Auch die Staaten finden (erst) in einer globalen Rechtsordnung ihre „Freiheit überhaupt". Die Freiheit und Recht sichernden Souveränitätsverzichte werden zudem *im Staat* durch maßgebliche Mitwirkungsrechte bei der Rechtsetzung flankiert. Entsprechendes gilt auch für die Rechtsetzung *im Weltstaat*.[135]

3. Zur Auflösung des Widerspruchs: Politische Evolution zum Weltföderalismus

Es fällt schwer, bei dem Widerspruchsbefund – und sei es mit höchster Verwunderung – stehen zu bleiben. Die Verwunde-

---

132 *Kant*: Rechtslehre, S. 312 (§ 44).

133 *Höffe*: Völkerbund oder Weltrepublik?, S. 81; ebenso *ders.*: „Königliche Völker", S. 225, 230.

134 *Kant*: Rechtslehre, S. 316 (§ 47; Hervorhebungen vom Verf.).

135 So auch die Zielrichtung in dem gesamten Beitrag von *Hodgson*, S. 101 ff.

rung treibt zu weitergehenden Fragen: Wie ist eine solche argumentative Inkonsistenz bei einem Denker von Kants überragenden Qualitäten denkbar? Und: Ist der Widerspruch unter keinen Umständen auflösbar?

a) Zeitbedingtheit?

Nun sind in der Kantischen politischen Philosophie auch an anderen Stellen Inkonsistenzen nachweisbar. Ein prominentes Beispiel aus Kants Staatsphilosophie liefert etwa das Ausschlusskriterium der ökonomischen Selbstständigkeit für den Zugang zur politischen Mitbestimmung, aus dem für Kant u.a. die politische Ausgrenzung von Frauen folgt.[136] Hier bleibt Kant in zeitbedingten Wertungen gefangen[137] und verfehlt das emanzipatorische, zukunftweisende Potential seiner auf Vernunft gegründeten Rechts- und Staatsphilosophie.[138] Im Übrigen weisen auch die Präliminarartikel der „Friedensschrift", die Vorbedingungen für einen ewigen Frieden durch Recht formulieren – notwendig – Zeitbedingtheiten auf.[139]

Die Widersprüchlichkeit in Kants Ablehnung der Weltrepublik könnte auch als Zeitbedingtheit qualifiziert und zugleich abgetan werden mit dem Hinweis, dass – wie die aus den Prinzipien von Freiheit und Gleichheit zwingend folgende Gleichberechtigung der Geschlechter – das politische Ziel einer den Globus umspannenden Rechtsordnung noch jenseits des gedanklichen Horizonts des bzw. jedes Philosophen am Ende des 18. Jahrhunderts hätte liegen müssen. Indes ist auf die ideengeschichtlichen Vorläufer von Pierre Dubois bis Christian Wolff

136 Dazu *Unruh*: Die Herrschaft der Vernunft, S. 324 ff. m.w.N.

137 Zu seiner überholten Einschätzung der Eigenschaften und des Verhältnisses der Geschlechter siehe die (allerdings vorkritische) Schrift von *Kant*: Beobachtungen über das Gefühl des Schönen und Erhabenen, S. 228 ff. In Kurzform siehe auch *Ellis,* S. 5: „... Kant failed to transcend local views about women, non-Europeans and laborers ...".

138 Ebenso *Hodgson,* S. 102: „... *if* we accept Kant's starting point, then we find ourselves committed to the ideal of a world state." (Hervorhebung im Original).

139 Vgl. *Jaspers*: Kants „Zum ewigen Frieden", S. 205.

und insbesondere auf den Abbé de Saint-Pierre und Rousseau bereits hingewiesen worden (s. o. B.). Gleiches gilt für die seinerzeit existenten, wenn auch innerstaatlich-föderalen Ordnungen zumindest der USA und der Schweiz (s. o. 2. a)). Der Gedanke des Weltföderalismus war also bereits zu Kants Zeiten in jeder Hinsicht in der Welt und zweifellos auch in Königsberg bekannt.

Im Übrigen hat *Kant* auch an anderer Stelle weit über den damaligen (politischen) Zeithorizont hinausgeblickt. Seine an dem Ideal der autonomen Selbstorganisation der Freien und Gleichen orientierte Staatsphilosophie, die im Ergebnis in die Forderung nach der Errichtung eines demokratischen Verfassungsstaates moderner Prägung einmündet, ist erst im 20. Jahrhundert realisiert worden. Auch hier gab es ideengeschichtlich Vorläufer und in den Verfassungsordnungen der USA sowie (partiell) des revolutionären Frankreich auch zeitgenössisch-reales Anschauungsmaterial. Es ist nicht ersichtlich, warum Kant dieser staatsphilosophische Weitblick in der global-politischen Philosophie verwehrt geblieben sein sollte.

Der bloße Hinweis auf einen zeitbedingt blinden Fleck in der Kantischen Argumentation ist daher zur Auflösung der gedanklichen Inkonsistenz im Postulat des „Völkerbundes" unzureichend.

b) Kontraktualistischer Dualismus?

Vereinzelt wird die Auffassung vertreten, Kant habe mit den beiden Konzepten des „Völkerbundes" und des „Völkerstaates" in gleicher Weise vernünftige und in diesem Sinne alternative inter- bzw. supranationale Organisationstrukturen entworfen. Diese kontraktualistische Dualismus-These lautet:

> „Offenbar bietet die Theorie des Gesellschaftsvertrages mit Weltstaat und Völkerbund zwei völkerrechtliche Lösungsvorschläge an, die beide vernünftig sind und zwischen denen nun abzuwägen ist im Hinblick auf die Verwirklichung der Idee des Friedens."[140]

---

140 *Eberl/Niesen*, S. 236, unter Hinweis auf *Maus*: Verfassung oder Vertrag, S. 367 f.: In Kants Argumentation stehe „Vernunft gegen Ver-

Gegen diese Behauptung einer vernunftrechtlichen Gleichwertigkeit von „Völkerbund“ und „Völkerstaat“ muss – nochmals – an die konstitutiven Divergenzen der beiden Konzepte erinnert werden. Wie Kant selbst konzediert, ist der „Völkerbund“ gegenüber der Weltrepublik nur ein „negatives Surrogat“, das die Aussicht auf einen fragilen Frieden befördern, den vernunftrechtlich gebotenen Ausgang aus dem zwischenstaatlichen Naturzustand aber nicht bewerkstelligen kann. Die unterschiedliche Leistungsfähigkeit der beiden Organisationsstrukturen, die sich nicht zuletzt in der pejorativen Bezeichnung des „Völkerbunds“ niederschlägt, suggeriert keine Gleichwertigkeit, sondern bringt eine klare und konsequente vernunftrechtliche Präferenz zugunsten der Errichtung des „Völkerstaats“ zum Ausdruck.[141]

c) Politische Evolution!

In der Kant-Literatur wird indes eine Interpretation des „Völkerbund“-Postulats angeboten, die eine überzeugende Alternative zu der Annahme einer bloßen Zeitbedingtheit des kontraktualistischen Widerspruchs enthält. Es handelt sich um die These, dass Kant mit dem „Völkerbund“ ein Konstrukt zwischenstaatlicher Kooperation geschaffen habe, das als Nucleus und zugleich als Ausgangspunkt einer evolutionären Entwicklung hin zu einer veritablen globalen Rechtsordnung zu betrachten sei. Das Votum zugunsten des „Völkerbundes“ ist demnach kein *vernunftrechtliches,* sondern ein *politisches* Postulat, deren Umsetzung im Kontext und als Teil der „ausübenden Rechtslehre“ den ersten Schritt auf dem Weg der politischen Evolution zum Weltföderalismus darstellt. Insofern kann auch von einem Stufen- oder Phasenmodell gesprochen werden, dessen erste Stufe bzw. Phase aus der Vereinbarung eines unverbindlich-kooperativen Bundes uneingeschränkt souveräner Staaten be-

---

nunft“, und es gehe demzufolge um die „Abwägung zwischen zwei *an sich* ‚vernünftigen‘ Modellen für die Verwirklichung der ... Idee des Friedens, des ‚Endzwecks de Rechtslehre‘...“ (Hervorhebungen im Original).

141 Ebenso *Höffe*: „Königliche Völker“, S. 230 f., und *ders.*: Völkerbund oder Weltrepublik, S. 87: „Kurz: den Völkerstaat einzurichten ist kategorisch geboten.“

steht.[142] Mit dem Entwurf eines solchen „Völkerbundes" zeigt Kant „how to initiate the departure from the international state of nature; he does not say that we should reject the idea of a world republic as such".[143] Die Weltrepublik bleibt auch in den Schriften ab 1795 das uneingeschränkte und zu realisierende Vernunftideal; ein grundlegender Meinungswandel hat bei Kant nicht stattgefunden.[144] Der Völkerbund ist ein „Provisorium. Zu dem, was wegen des Zwecks, des ewigen Friedens, das eigentliche Ziel bleibt, zur Weltrepublik, ist er nicht mehr als ein Durchgangsstadium".[145] Eingebettet ist das Stufenmodell in eine Lesart des Kantischen Friedenstraktats als politische Schrift, die nicht nur die Grundlegung des Rechts umfassend reflektiert, sondern auch die Umsetzung der vernunftrechtlichen Prinzipien in die politische Praxis fokussiert und adressiert.[146]

In der Wahl des „Völkerbunds" als Zwischenstufe[147] zwischen dem zwischenstaatlichen Natur- und dem Endzustand ei-

---

142 Ebenso u.a. *Ebbinghaus,* S. 25 f.; *Kleingeld*: Kant's theory of peace, S. 485 ff., und *dies.*: Kant and Cosmopolitism, S. 7: „... the voluntary league should be understood as a first step in a process toward an international federation that is much stronger than a loose league of states.", und ebd., S. 44: „... he views this league as first step on the road toward a stronger ideal of a state-like international federation of states." Der Begriff des „Stufenmodell(s)" findet sich schon bei *Cavallar*: Pax Kantiana, S. 223.

143 *Kleingeld*: Kant and Cosmopolitism, S. 51.

144 So u.a. *Axinn,* S. 244, und *Carson,* S. 179.

145 *Höffe*: Kant als Theoretiker der internationalen Rechtsgemeinschaft, S. 500.

146 Vgl. *Brandt*: Vom Weltbürgerrecht, S. 96: „Die Friedensschrift ist eine politische Schrift"; sie handelt von „der Realisierung des Rechts, also der Politik, denn Politik wird bestimmt als ‚ausübende Rechtslehre'...". Es gehe in dieser Schrift also um das „Problem der Vermittlung von Recht und sozialer Realität." I.E. ebenso *Gerhardt*: Immanuel Kants Entwurf „Zum ewigen Frieden", S. 184: „Die Kenntnis der elementaren Rechtsprinzipien bedarf der Ergänzung durch die Klugheit, wenn daraus eine auf die natürlichen und historischen Begründungen bezogene Politik werden soll."

147 Schon Johann Gottlieb Fichte erkennt hier einen „Mittelzustand"; vgl. *Fichte,* S. 89. Ähnlich auch *Kleingeld*: Kant and Cosmopolitism,

ner global-politischen, evolutionären Entwicklung zeigt sich vor allem Kants politischer Realitätssinn.[148] Die temporäre Absage an die Weltrepublik gründet in der sensiblen Wahrnehmung der „Realität der Staatenwelt" mit ihren Interessengegensätzen, die bei der Umsetzung global-philosophischer Erkenntnisse in Rechnung zu stellen ist.[149] Als Bedingung der Möglichkeit einer Realisierung des global-philosophischen Ideals gilt nach Kant, dass – „wenn nicht alles verloren werden soll"[150] – diese Umsetzung nicht „sofort und mit Ungestüm" erfolgt, sondern in „beständiger Annäherung", also im Wege der Evolution.[151] Dem „Völkerbund" kommt nach dieser Lesart die Funktion zu, den Übergang von der „zweitbesten Lösung" zur idealen supranationalen Organisationsstruktur vorzubereiten und zu gestalten.[152] Analog zur republikanischen Regierungsart, die in der Sache auch als negatives Surrogat einer ad-hoc-Errichtung einer veritablen Republik angesehen werden kann, soll sich der „Völkerbund" approximativ auf die Weltrepublik zu bewegen.[153] Eine Revolution als Vehikel der Etablierung vernunftgemäßer Rechts-

---

S. 70: Kant „inserts a voluntary non-coercive league between the international state of nature and the ideal international federation with coercive powers".

148 Dieser politische Realitätssinn Kants wird u. a. hervorgehoben bei *Jaspers*: Kants „Zum ewigen Frieden", S. 212 f., und *ders.*: Kants Schrift „Zum ewigen Frieden", S. 233.

149 *Gerhardt*: Immanuel Kants Entwurf „Zum ewigen Frieden", S. 102, und ebd., S. 104: „Damit wird die Weltrepublik aus der politischen Rücksicht auf die bestehenden Verhältnisse verworfen."

150 *Kant*: Zum ewigen Frieden, S. 357.

151 *Kant*: Zum ewigen Frieden, S. 372. Dazu *Geismann*: Kants Rechtslehre vom Weltfrieden, S. 380 f.

152 *Bohman*, S. 88. Ebenso *Lutz-Bachmann*, S. 44: Die „Republiken und ihr neu zu begründender Staatenbund … [werden] aufgefordert, an der Herstellung von Verhältnissen zu arbeiten, die immer mehr der vernunftrechtlich geforderten ‚Staatenrepublik' bzw. ‚der positiven Idee einer Weltrepublik' entsprechen".

153 Dies gilt auch für den permanenten Staatenkongress auch dann, wenn er begrifflich vom Völkerbund unterschieden wird; vgl. *Hruschka*, S. 149.

verhältnisse lehnt Kant bekanntlich ab.[154] Sowohl für die innerstaatliche als auch für die zwischenstaatliche Ebene denkt Kant also „evolutionär, nicht revolutionär".[155] In diesem Kontext stehen auch die sog. „Erlaubnisgesetze (leges permissivae) der reinen Vernunft"[156], die am Ende der Präliminarartikel behandelt werden, und die „etwas an sich Verbotenes provisorisch erlauben", damit ein geordneter Übergang zum Gesollten möglich bleibt.[157] Den realpolitischen Nucleus dieser evolutionären Entwicklung erblickt Kant im revolutionären Frankreich (s. o. B. IV. 8. b)). Im Übrigen bleibt der exakte Weg vom politischen Ausgangspunkt zum Weltföderalismus im Dunkeln.[158] Als Elemente erkennbar bleiben der hier deutliche, in seiner argumentativen Validität aber umstrittene Ausschluss von zwischenstaatlichem Zwang[159] und der Vertrag als Modus der steten Ausbreitung der globalen Rechtsordnung.

Der „Völkerstaat" in Gestalt der föderalen Weltrepublik erweist sich im Stufenmodell als Endstufe der global-politischen Evolution. Er ist daher zu unterscheiden von einer bloßen Utopie mit dem Status der Unerreichbarkeit. Kant offenbart ein „nüchterne(s) Problembewusstsein", denn seine „große, utopische Lösung besteht nicht in jener eschatologischen Vision, die

154 Diese Ablehnung manifestiert sich thematisch in Kants Ablehnung des Widerstandsrechts; dazu *Kersting*: Wohlgeordnete Freiheit, S. 313 ff., und *Unruh*: Die Herrschaft der Vernunft, S. 311 ff., jeweils m. w. N.

155 *Cavallar*: Pax Kantiana, S. 213.

156 *Kant*: Zum ewigen Frieden, S. 347 f. (Anm.).

157 Dazu *Brandt*: Das Problem der Erlaubnisgesetze, S. 47 ff.; Zitat ebd., S. 50.

158 Ebenso *Kleingeld*: Kant's theory of peace, S. 492: „Exactly how the league of states is supposed to promote further progress toward peace from there on is not particularly clear."

159 Gegen den Zwang als Medium zur Errichtung eines Weltstaates *Kleingeld*: Kant and Cosmopolitism, S. 58. Anders die These von *Hodgson*, S. 115, „that states can justifiably be forced to form a world state" mit der Begründung, „that being in a state of nature is an unjustifiable restriction of states' freedom, and that establishing a world state is necessary to take away that restriction". In praktischer Hinsicht räumt *Hodgson*, S. 127, aber ein, dass „a world state can only be put in place if all the most powerful states voluntarily agree to do so".

grundsätzlich unrealisierbar ist und daher ein beständiges Nirgendwo und Niemals bedeutet. Das Ziel liegt im realisierbaren Noch-Nicht; es heißt besser ‚Ideal' als ‚Utopie'."[160] Dieses Ideal liegt in dem Zusammenschluss von Republiken zu einer supranationalen Organisation, die ihrerseits eine staatsanaloge republikanische Organisationsstruktur aufweist. Dazu zählen die Garantie der Existenz und (territorialen) Rechtssicherheit für die Mitgliedstaaten, ihre gleichberechtigte Mitwirkung an der normativen Willensbildung, ihre Repräsentation in den globalpolitischen Entscheidungsgremien und die Garantie von Gewaltenteilung und Rechtsstaatlichkeit.[161] Die entscheidende Textpassage aus der „Friedensschrift", die stets als zusammenfassender Beleg für diese Ansicht herangezogen wird, sei hier nochmals angeführt:

> „Für Staaten im Verhältnisse unter einander kann es nach der Vernunft keine andere Art geben, aus dem gesetzlosen Zustande, der lauter Krieg enthält, heraus zukommen, als daß sie eben so wie einzelne Menschen ihre wilde (gesetzlose) Freiheit aufgeben, sich zu öffentlichen Zwangsgesetzen bequemen und so einen (freilich immer wachsenden) Völkerstaat (civitas gentium), der zuletzt alle Völker der Erde befassen würde, bilden."[162]

Zudem ist auf Kants Überzeugung in der „Rechtslehre" hinzuweisen, dass das Staats- und Völkerrecht „zu der Idee eines Völkerstaates (ius gentium) … unumgänglich hinleitet".[163] Der „Völkerstaat" bzw. die Weltrepublik der Republiken[164] stellt

---

160 *Höffe*: Einleitung, S. 9; ähnlich *ders.*: Kant als Theoretiker der internationalen Rechtsgemeinschaft, S. 504, und *Klenner,* S. 20 f. Die begriffliche Unterscheidung zwischen Utopie und Ideal findet sich noch nicht bei Kant, der in *Kant*: Rechtslehre, S. 350 (§ 61), das Ziel des Völkerrechts als „unausführbare Idee" bezeichnet.

161 Zur Geltung dieser staatanalogen Prinzipien in der Weltrepublik siehe auch *Höffe*: „Königliche Völker", S. 226.

162 *Kant*: Zum ewigen Frieden, S. 357. Dazu *Hruschka,* S. 132: „Klarer als an der hier zitierten Stelle kann man kaum ausdrücken, dass ein Völkerstaat einem Völkerbund vorzuziehen ist …".

163 *Kant*: Rechtslehre, S. 311 (§ 43); dazu *Hruschka,* S. 134.

164 Skeptisch bzgl. der Praxistauglichkeit des Republik-Kriteriums u. a. *Carson,* S. 211.

für Kant also das vernunftrechtliche Ideal dar, das politisch in einem beständigen Annäherungsprozess zu befördern und letztlich zu verwirklichen ist.[165]

Das beschriebene Stufenmodell ist plausibel, aber nicht unanfechtbar. Schließlich wird es von Kant nicht explizit entfaltet, sondern erschließt sich allenfalls im Wege der Interpretation. In diesem Zusammenhang wird allerdings den Status des „Völkerbunds" als „negatives Surrogat" und des „Völkerstaats" als vernunftgemäße supranationale Organisationsform ein angemessenes Gewicht beigemessen. Diese Bewertung ist zudem – wie gesehen (s.o. C. II.) – kompatibel mit der Kantischen Position in den Schriften aus der Zeit vor 1795. Ferner ist jedenfalls nicht auszuschließen, dass Kant nach seiner Kollision mit der preußischen Zensur im Jahre 1794 (s.o. C. III. 1.) nicht mit der erforderlichen und sonst üblichen Klarheit seine (global-)politische Position nebst Postulaten zum Ausdruck bringen konnte oder wollte. Hinweise auf eine entsprechende Verfahrensweise gibt es auch allgemein im Hinblick auf Kants Rechts- und Staatsphilosophie.[166] Schließlich, aber nicht zuletzt ist das Stufenmodell hermeneutisch attraktiv, weil es auf der Grundlage der einschlägigen Texte die Konsistenz in Kants Argumentation aufzeigt. Mit dem evolutionären Stufenmodell gelingt es nicht nur, Licht in das Dunkel der „verwirrende(n) Passage(n) der Friedensschrift"[167] zu bringen, sondern insgesamt den zunächst diagnostizierten kontraktualistischen Widerspruch aufzulösen.

Plausibel bleibt das Stufenmodell auch dann, wenn Kants Argumentation zu den Bedingungen der Möglichkeit einer Realisierung der Weltrepublik nicht vollständig geteilt wird. So kann ebenso plausibel bezweifelt werden, dass angesichts der dringen-

165 Dieses Fazit auch bei *Hahn*, S. 72: „Aus den einschlägigen Schriften Kants ist herauszulesen, „dass Kant diese Föderation als ein geschichtliches Übergangsstadium begreift, in dem sich die internationale Rechtskultur weiter entwickeln konnte, um langfristig und endgültig im weltbürgerlichen Verfassungsstaat aufgehoben zu werden."

166 Siehe dazu ausführlich *Unruh*: Die Herrschaft der Vernunft, S. 47 ff.

167 *Cavallar*: Pax Kantiana, S. 209.

den globalen Probleme im 21. Jahrhundert noch die Zeit bleibt, auf den Lauf der Natur bzw. der Vorsehung, d.h. auf die langatmige Geschichtsteleologie zu vertrauen.[168] Auch lassen aktuelle Erfahrungen mit den empirischen Grundlagen des Begriffs „Handelskrieg“ Zweifel an der friedensfördernden Kraft des „Handelsgeistes“ aufkommen.[169] Es genügt aber die Gründung des Weltrepublik-Postulats in der Rechtsvernunft und die damit verbundenen Pflicht einer kontinuierlichen Annäherung. Die Möglichkeit einer solchen Annäherung wird durch keine Zweifel ausgeschlossen und „this possibility in principle is all that is required to keep the striving for peace from turning into an empty irrational gesture“.[170] Schließlich gibt es auch seit dem 20. Jahrhundert „Geschichtszeichen“ in Gestalt etwa der UNO und der Europäischen Union, die – in der Abfolge von mehr Fort- als Rückschritten – den bereits beschrittenen Weg zum Weltföderalismus beleuchten und die weitere Richtung vorzeichnen.

d) Weltföderalismus!

Abschließend ist noch aufzuzeigen, warum die Kantische Weltrepublik zwingend eine *föderale* Komponente aufweist. Mit der Ablehnung der „Universalmonarchie“ hatte Kant zugleich den Welteinheitsstaat und damit den globalen Unitarismus zurückgewiesen. Bei der Erörterung dieser Ablehnung ist mit dem tertium-datur-Argument bereits die Möglichkeit eröffnet worden, die vermeintliche Dichotomie von „Völkerbund“

---

168 Vgl. *Patzig*, S. 24: „Wir haben nicht mehr genug Zeit, die Vorsehung walten zu lassen ... Wir selbst müssen die Katastrophe verhindern, und zwar innerhalb kürzester Zeit.“

169 Vgl. *Kleingeld*: Kant's theory of peace, S. 493, die ebd. S. 499, die Annahme, dass der Handelsgeist friedensfördernd wirke, als „too optimistic“ bewertet und darauf hinweist, dass „the term ‚trade war‘ is not an oxymoron“. Sie resümiert ebd., S. 500: „.. the relationship between international trade and peace is more complicated than Kant assumed.“ Skeptisch gegenüber Kants These von der friedensfördernden Wirkung des Handels auch *Held*: Kosmopolitische Demokratie und Weltordnung, S. 228, und *Holz*, S. 48 f.

170 *Kleingeld*: Kant's theory of peace, S. 500.

und universalem Welteinheitsstaat unter Hinweis auf das Modell des Weltföderalismus zu sprengen (s.o. C. III. 4.).[171] Schließlich kann mit dem Hinweis auf das evolutionäre Stufenmodell der global-politischen Entwicklung auch das Argument entkräftet werden, Kant habe mit der Verwendung des Begriffs vom „permanenten Staatencongreß“ und der Abweisung des amerikanischen Modells jeden Föderalismus abgelehnt.[172] Nunmehr geht es darum, aus Kants Ausführungen Argumente für den und Elemente des Weltföderalismus zu extrahieren.

Das grundlegende Prinzip des Weltföderalismus lautet, dass der internationale Zusammenschluss den Mitgliedstaaten im Verhältnis zur supranationalen Gewalt den Status als Staaten nebst der beschriebenen (Mitwirkungs-)Rechte sowie innerstaatlich ein gewisses Maß an Eigenständigkeit belässt (s.o. A. I.). Die Geltung dieses Prinzips folgt für Kant schon aus dem analogischen Verhältnis von individuellem und zwischenstaatlichem Naturzustand. Beide müssen durch die Etablierung von (peremptorischem) Recht aufgelöst werden. Recht ist aber nach Kant nur dann mit der Vernunft kompatibel, wenn es die Freiheit des einen Individuums bzw. Staates nur so weit einschränkt wie es die Freiheit der anderen Individuen bzw. Staaten erfordert.[173] Eine föderale Struktur des Weltstaates ist erforderlich, weil „anything more than a federal world state would be incompatible with states' right to freedom“.[174] Damit zusammenhängend folgt das föderale Prinzip auch aus seinen Ausführungen

171 Ebenso *Kleingeld*: Kant and Cosmopolitism, S. 61: „Kant can consistently reject [the] violent fusion of states and yet defend the ideal of a global federation.“

172 So etwa *Capps/Rivers*, S. 245 ff., mit Bezug auf *Kant*: Rechtslehre, S. 350 f. (§ 61). Dagegen *Kleingeld*: Kant and Cosmopolitism, S. 62, Anm. 33: „Kant does not criticize federalist states however, but emphasizes that the first step toward peace is the creation of a ‚congress‘ of states.“

173 Nochmals *Kant*: Rechtslehre, S. 230 (§ B): Recht ist der „Inbegriff der Bedingungen, unter denen die Willkür des einen mit der Willkür des anderen nach einem allgemeinen Gesetz der Freiheit zusammen vereinigt werden kann“

174 *Hodgson*, S. 123.

zur „Universalmonarchie" und dem Gewicht, das er in diesem Zusammenhang der staatlichen Souveränität zumisst. Schließlich wäre auch die triadische Ausdifferenzierung der Rechtsverhältnisse in Staats-, Völker- und Weltbürgerrecht hinfällig, wenn es keine eigenständigen Staaten mehr geben sollte.[175] Die Staaten dürfen auch in der Weltrepublik nicht zu einem unitarischen Gebilde „zusammenschmelzen", sondern müssen als eigenständige „Vereinigung von Menschen unter Rechtsgesetzen" erhalten bleiben.[176] Neben der territorialen Integrität[177] bedarf es einer gewissen politischen Eigenständigkeit der Mitgliedstaaten, damit sich der für Aufklärung und Fortschritt unerlässliche „lebhafteste(.) Wetteifer" zwischen ihnen entfalten kann.[178] Schließlich winkt das Postulat der verbleibenden Eigenständigkeit schon aus den Präliminarartikeln zum ewigen Frieden herüber. Dies gilt insbesondere für die Verbote des 2. und 5. Präliminarartikels, die letztlich auf der Annahme beruhen, dass auch der Einzelstaat eine moralische Rechtsperson ist.[179] Kants Weltrepublik ist also kein Welteinheitsstaat, sondern eine „einzige (globale) Rechtsgemeinschaft (Staat), innerhalb derer es eine Vielfalt sich selber ‚verwaltender', staatsrechtlich unabhängiger und insofern freier Völker, gleichsam ‚autonome' Regionen, gibt, wo also die zur weltstaatlichen Willenseinheit verbundenen Einzelwillen selber wiederum kollektive Willenseinheiten sind".[180] Die von Kant in seiner Abwehr der „Universalmonarchie" suggerierte Entweder/Oder- bzw. Alles-oder-Nichts-Souveränität löst sich im Weltföderalismus in eine gestufte bzw. „gemeinsame" Souveränität, jedenfalls in ein normatives Mehrebenensystem auf.[181]

---

175 So auch *Brandt*: Vom Weltbürgerrecht, S. 142.

176 *Kant*: Zum ewigen Frieden, S. 354. Die Definition des Staates findet sich bei *Kant*: Rechtslehre, S. 313 (§ 45).

177 Dazu u. a. *Hodgson*, S. 116.

178 *Kant*: Zum ewigen Frieden, S. 367.

179 Vgl. *Cavallar*: Pax Kantiana, S. 108, 124 ff.

180 *Geismann*: Kants Rechtslehre vom Weltfrieden, S. 383.

181 Ähnlich *Kleingeld*: Approaching Perpetual Peace, S. 304 ff. Gegen die Entweder/Oder-Dichotomie auch *Höffe*: Kant als Theoretiker der in-

Wie bereits erwähnt, beschränkt sich Kant in seiner global-politischen Philosophie auf die Formulierung von Prinzipien und überlässt die Ausgestaltung den Zeitläuften sowie ihren Juristen und Politikern.[182] So ist es nicht verwunderlich, dass sich in seinen Schriften nur wenige Hinweise auf die inhaltlichen Residuen der Mitgliedstaaten finden.[183] Zu diesen Hinweisen gehört die Betonung der Differenzen in den Sprachen und den Religionen.[184] Daraus kann gefolgert werden, dass den Mitgliedstaaten in der Kantischen Weltrepublik neben der politischen jedenfalls auch die religiöse und die kulturelle Selbstbestimmung verbleiben sollen.[185]

V. Zusammenfassung

Aus der Gesamtschau der vorstehenden Analyse ergibt sich folgendes Bild:

1. Kant knüpft an die Tradition der global-politischen Friedensliteratur der vorangegangenen Jahrhunderte – und hier insbesondere an den Abbé de Saint-Pierre und Rousseau – an und gibt ihr eine eigenständige, vernunftrechtsbasierte Wendung. Der Horizont weitet sich geografisch endgültig vom Blick auf

---

ternationalen Rechtsgemeinschaft, S. 498. Am Beispiel der Europäischen Union wird die Möglichkeit einer „gemeinsamen Souveränität" aufgezeigt von *Schliesky*: Souveränität und Legitimität von Herrschaftsgewalt, S. 507 ff.

182 Nochmals *Cavallar*: Pax Kantiana, S. 201; ebenso *Jaspers*: Kants „Zum ewigen Frieden", S. 224 ff. Vgl. die Verwunderung, die schon *Gentz*, S. 478, Anm. (Hervorhebung im Original), zum Ausdruck bringt: „In Kants berühmter Schrift … ist der Grundsatz eines friedlichen *Föderalismus* unter den Staaten … der herrschende, ob es gleich sonderbar ist, dass dieser Philosoph nicht einmal die Grundzüge angegeben hat, nach welchen ein solcher Föderalismus organisiert werden sollte."

183 Zu möglichen und üblichen Kompetenzverteilungen in föderalen Systemen siehe die Arbeit von *Hestermeyer*, passim.

184 *Kant*: Zum ewigen Frieden, S. 367.

185 Ebenso *Cavallar*: Pax Kantiana, S. 215; *Höffe*: „Königliche Völker", S. 226, und *ders.*: Kant als Theoretiker der internationalen Rechtsgemeinschaft, S. 493 f.

Europa zum Blick auf die Welt, in der theoretischen Grundlegung verschiebt sich der Fokus von der Theologie auf die (Vernunft-)Rechtsphilosophie, und in der Konkretion tritt an die Stelle ausufernder organisatorischer Detailregelungen eine Bescheidung auf die Identifikation grundlegender Prinzipien.

2. Während sich Kant in seinen einschlägigen Schriften bis 1795 eindeutig für einen (föderalen) Weltstaat ausgesprochen hat, scheint er diese Position mit und seit der Friedensschrift von 1795 revidiert zu haben zugunsten des Postulats eines bloßen (konföderativen) Völkerbunds. Die damit verbundene These von einem Bruch in der Kantischen Argumentation lässt sich aber mit der Differenzierung zwischen rechtsphilosophischer bzw. vernunftrechtlicher Grundlegung und politischer Umsetzung entkräften.

3. Ausgangspunkt und Basis der rechtsphilosophischen Überlegungen ist das zweistufige kontraktualistische Argument. Wie die Individuen, so befinden sich auch die Staaten originär im Naturzustand, der strukturell durch Rechtsunsicherheit und gegenseitige Bedrohung geprägt ist. Auch dieser zwischenstaatliche Naturzustand kann nur – und muss zugleich – durch die Verrechtlichung der gegenseitigen Beziehungen verlassen werden. Erforderlich ist die Errichtung einer globalen Rechtsordnung, mit der eine übergreifende „öffentlichen Gewalt" eingesetzt wird.

4. Das kontraktualistische Argument führt notwendig, d.h. „nach der Vernunft"[186], zum Weltstaatspostulat. Denn nur durch die globale Verrechtlichung kann der zwischenstaatliche Naturzustand nachhaltig überwunden werden.

5. Die vor allem in der „Friedensschrift", aber auch in der „Rechtslehre" vorgebrachten Argumente gegen den „Völkerstaat" und zugunsten des „Völkerbunds" tragen überwiegend pragmatischen Charakter und stehen allesamt im Widerspruch zum vernunftrechtlich begründeten Weltstaatspostulat. Die gegen die „Universalmonarchie" und das Balance-Modell erhobe-

---

186 *Kant*: Zum ewigen Frieden, S. 357.

nen Einwände bleiben hingegen im Lichte des zweistufigen kontraktualistischen Arguments valide.

6. Der Weltstaat wird als föderaler Zusammenschluss von Einzelstaaten konfiguriert. Die Organisationsstruktur und die Aufteilung der Regelungskompetenzen zwischen dem Weltstaat und den Einzelstaaten werden nur mit Grundlinien skizziert. Danach dürfte auch die Weltstaatsebene republikanisch organisiert sein; und den Einzelstaaten verbleiben jedenfalls im kulturellen Bereich i. w. S. eigenständige Regelungskompetenzen.

7. Der Weltföderalismus wird das Resultat einer politischen Evolution sein, die sich in Stufen vom aktuellen realhistorischen Ausgangspunkt über die Bildung eines „Völkerbunds" bis zur Errichtung des föderalen Weltstaats vollzieht. Die Überzeugungskraft dieser evolutionären Zuversicht versucht Kant vornehmlich mit seiner Geschichtsphilosophie zu stärken.

D. Zur Aktualität des Kantischen Weltföderalismus

Der Hinweis auf die Nachwelt führt zu der Frage nach der Aktualität des Kantischen Weltföderalismus. Zu fragen ist nach der doppelten Aktualität in der politischen Philosophie einerseits und in der politischen Realität andererseits. Die Antworten können hier naturgemäß nur kursorisch ausfallen und bedürften einer vertieften Untersuchung und Darstellung.

I. Aktualität in der politischen Philosophie

In der politischen Philosophie wurde und wird Kants Erbe unterschiedlich aufgenommen. Im 19. Jahrhundert, dem Jahrhundert der erstarkenden Nationen und des wachsenden Nationalismus standen eher Hegels Apologie des Krieges und sein Verdikt eines beschränkenden Völkerrechts in der Gunst der Rezeptionsgeschichte.[1] Für das 20. und 21. Jahrhundert aber gilt die eingangs getroffene Feststellung, dass die aktuelle politische Philosophie an Kant nicht achtlos verbeigehen kann. Aber auch ein achtsames Vorbeigehen führt nicht notwendig zu (ungeteilter) Zustimmung. Dies soll zumindest an den wesentlichen aktuellen Strömungen der global-politischen Philosophie verdeutlicht werden.

An dem einen Ende der Skala möglicher Positionen steht der *Globalismus*, der für einen Weltstaat ohne föderale, einzelstaatliche Zwischenebene votiert und durch einen kosmopolitischen

---

[1] *Hegel*: Grundlinien der Philosophie des Rechts, S. 500 (§ 334). Dazu auch *Schnädelbach*: Hegels praktische Philosophie, S. 324. Zur Bedeutung des Krieges in Hegels Rechtsphilosophie siehe u.a. *Taylor*, S. 587, und *Avineri*, S. 231 ff. Eine vergleichende Betrachtung zur Bedeutung des Krieges bei Kant und Hegel findet sich bei *Lucas*, S. 247 ff.

Kontrakt aller Individuen seine Legitimationsgrundlage erhalten soll.[2]

Am anderen Ende stehen bestimmte Varianten der nach wie vor einflussreichen, in sich aber heterogenen Theorie des politischen Realismus, für die die Analyse der politischen Macht und ihrer Bedeutung für die internationalen Beziehungen im Vordergrund stand.[3] Der sog. *klassische Realismus* von Hans J. Morgenthau, der eine entsprechende politikwissenschaftliche Theorie auf anthropologischen Prämissen aufbaut, kennt zumindest die zeitlich entfernte, gleichwohl anzustrebende Vision eines Weltstaates.[4] Das Oszillieren zwischen der Notwendigkeit und der (bis auf Weiteres) bestehenden Unmöglichkeit eines Weltstaates wird in Morgenthaus zentraler Schrift „Macht und Frieden“ u.a. in folgenden Passagen handgreiflich. Dort heißt es einerseits:

---

2 Zu den Vertretern des Globalismus gehören u.a. *Beitz*, S. 125 ff., und *Pogge*: Realizing Rawls, S. 240 ff. Dazu u.a. *Hahn*, S. 104 ff.

3 Überblick über den politischen Realismus u.a. bei *Auth*, S. 19 ff. (Klassischer Realismus), S. 55 (Neorealismus), und S. 75 ff. (Neoklassischer Realismus); *Gu*, S. 57 ff. (Klassischer Realismus), und S. 76 ff. (Neorealismus); *Krell/Schlotter*, S. 143 ff.; *Lemke*, S. 16 ff. Zum Begriff der Macht als zentraler Kategorie siehe u.a. *Troy*, S. 416 ff. Zur Bedeutung des Realismus siehe u.a. *Kersting*: Einleitung, S. 15: „Der Realismus ist eine hochreputierliche politikwissenschaftliche Position, die in den übersichtlichen Zeiten des Kalten Krieges und der Blockkonfrontation die Theorie der Internationalen Beziehungen dominiert hat und mit ihrem Plädoyer für eine moralfreie Politik des nationalen Interesses großen Einfluss ausüben konnte.“

4 *Morgenthau*: Macht und Frieden, S. 416 ff. Zu Morgenthau umfassend u.a. *Rohde*: Hans J. Morgenthau und der weltpolitische Realismus, passim. Zu den anthropologischen Prämissen siehe u.a. *Rohde*: Hans J. Morgenthau und der weltpolitische Realismus, S. 79 ff. Zur Theorie des Weltstaats bei Morgenthau sehr instruktiv *W. E. Scheuerman*: Morgenthau, S. 122 ff. Eine weltföderalistisch orientierte „realistische“ Theorie findet sich bei *W. E. Scheuerman*: The Realist Case for Global Reform, insbesondere S. 67 ff. Zum Staatsverständnis Morgenthaus siehe auch *Rohde*: Der Staat als Mythos und Religion, S. 73 ff.; *Frei*, S. 141 ff., und *Behr*, S. 163 ff. Zur Kritik am Realismus siehe u.a. *Laubach-Hintermeier*, S. 75 ff.

„[D]as Argument der Befürworter des Welt-Staates [ist] unwiderlegbar ...: Es kann keinen dauerhaften internationale Frieden ohne einen mit den Grenzen der politischen Welt übereinstimmenden Staat geben.“[5]

In diesem Zusammenhang lassen sich auch Hinweise dafür finden, dass Morgenthau den Nationalstaat für ein historisch überholtes Phänomen hielt, das den aktuellen Anforderungen an politische Herrschaft nicht gewachsen ist.[6] Angesichts der weltumspannenden nuklearen Bedrohung und der damit verbundenen politischen Probleme, „we have come to think more and more in terms of a supranational community and a world government, a political organization and structure which transcend the nation state“.[7] Andererseits wird festgestellt:

„Man kann sich dem Schluss nicht entziehen, dass der internationale Frieden ohne einen Welt-Staat nicht dauerhaft sein kann und dass ein Welt-Staat unter den vorhandenen moralischen, gesellschaftlichen und politischen Gegebenheiten der Welt nicht etabliert werden kann.“[8]

Zudem hat Morgenthau die föderalen Systeme etwa der USA und der Schweiz als historisch einzigartig befunden und ihren Vorbildstatus für einen Weltföderalismus ausdrücklich verworfen.[9] Der klassische Realismus hat jedenfalls kein elaboriertes Konzept für den (föderalen) Weltstaat geliefert.[10] Maßgebliche

---

5 *Morgenthau*: Morgenthau. Macht und Frieden, S. 425.

6 Vgl. *Behr*, S. 164 und 169.

7 *Morgenthau*: The Intellectual and Political Functions, S. 77 f. Die für die Menschheit grundsätzlich neue Situation bzw. „neue Realität“, die mit der Möglichkeit erscheint, die Erde und alles Leben darauf durch von Menschen verantwortete Handlungen mittels der Atombombe auszulöschen, hatte schon Karl Jaspers im Jahre 1958 erkannt und hervorgehoben, vgl. *Jaspers*: Die Atombombe und die Zukunft des Menschen, S. 21: „Bisher konnte der Mensch als einzelner sich selbst das Leben nehmen. Er konnte in Kämpfen töten und getötet werden. Völker konnte man ausrotten. Jetzt aber kann die Menschheit im ganzen durch Menschen vernichtet werden. Dass dies geschieht, ist nicht nur in den Bereich des Möglichen getreten.“

8 *Morgenthau*: Macht und Frieden, S. 429.

9 *Morgenthau*: Macht und Frieden, S. 431 ff.

10 Luzide Auseinandersetzung auch bei *Speer*, S. 207 ff.

Gründe für diesen Befund dürften in Morgenthaus rigidem und traditionalistischem Souveränitätsbegriff sowie in der feststehenden Überzeugung zu finden sein, dass die Etablierung einer globalen politischen Ordnung allenfalls als Langzeit-Projekt vorstellbar sei.[11] Ein Weltföderalismus gerät jedenfalls nicht in Morgenthaus Fokus.[12]

Im *Neorealismus* hingegen, der etwa bei Kenneth N. Waltz nicht auf anthropologischen, sondern strukturellen Prämissen für die Gestaltung der internationalen Beziehungen ansetzt, findet sich keine vergleichbare Ambivalenz.[13] Vielmehr wird die Etablierung einer globalen Ordnung strikt abgelehnt, weil eine staatentranszendierende politische Gewalt nicht vorstellbar erscheint.[14] Die Staaten sind und bleiben bei Waltz die zentralen Einheiten der Struktur des internationalen politischen Systems.[15] Zudem berge die Errichtung eines Weltstaates die unabweisbare Gefahr eines weltweiten Bürgerkrieges:

> „In a society of states with little coherence, attempts at world government would founder on the inability of an emerging central authority to mobilize the resources needed and create and maintain the unity of the system by regulating and managing its parts. The prospect of

---

11 *W. E. Scheuermann*: Morgenthau: Macht und Frieden, S. 126; *Rohde*: Die Figur des Staatsmanns als Konstante, S. 216. Mit ausdrücklichem Hinweis auf den Souveränitätsbegriff siehe auch *Speer*, S. 226.

12 Dazu *W. Scheuermann*: Morgenthau, S. 157. „… Morgenthau's problematic ideas about the nature of the state led him prematurely to exclude the possibility of a federal and republican model of world government which might flourish without the attributes of a centralized world state which have understandibly worried some."

13 *Waltz*: Man, the State, and War, S. 16 ff. beschreibt die („realistische") Position, die auf anthropologischen Prämissen beruht (nur) als „First Image" einer Analyse der internationalen Beziehungen. Maßgeblich sei hingegen das „Third Image" (ebd., S. 159 ff.), das im Folgenden als systemische Struktur der Nationalstaaten ausdifferenziert wird. Zu Begriff und Funktion des Begriffs der politischen Struktur siehe *Waltz*: Theory of International Politics, S. 79 ff., und dazu *Masala*, S. 54 ff.

14 Vgl. *Waltz*: Theory of International Politics, S. 102 ff., und S. 194 ff. Dazu u. a. *Masala*, S. 41 ff.

15 *Masala*, S. 55.

world government would be an invitation to prepare for world civil war."[16]

Vielmehr soll sich das System der zwischenstaatlichen Beziehungen stabilisieren. Zielpunkt ist die Errichtung und der Erhalt eines Mächtegleichgewichts.[17]

Die Ambivalenz des klassischen und die klar ablehnende Haltung des Neorealismus gegenüber dem Weltföderalismus wird vom sog. *Progressiven Realismus* überwunden.[18] Progressive Realisten wenden sich nicht per se gegen die Idee des Weltstaats, sondern nur gegen ihre übereilte Realisierung. Die Grundüberzeugung lautet, dass nur ein globales und föderales System im Weltmaßstab Rechtssicherheit und Rechtsstaatlichkeit sichern könne.[19] Die Etablierung des Weltföderalismus sei auch möglich, da sich die erforderliche Weltgesellschaft („world community") bereits herausbilde. Ein exponierter Vertreter des progressiven Realismus ist etwa Frederick L. Schuman, der – unmittelbar nach Ende des Zweiten Weltkriegs auch unter dem Eindruck der nuklearen Bedrohung – formulierte:

> „Without global government there will be no escape from annihilation. Before there can be global government, the UNO must be transformed into something adequate to the needs of the time."[20]

Zu den progressiven Realisten zählt auch Georg Schwarzenberger. Er hatte in seiner zentralen Schrift zur „Machtpolitik" u. a. den Vorschlag für eine dem Weltstaat vorlaufende „Atlantikunion" der USA, West-Europas und des Britischen Commonwealth unterbreitet.[21]

---

16 *Waltz*: Theory of International Politics, S. 111 f.

17 *Waltz*: Theory of International Politics, S. 116 ff.

18 Der Begriff des Progressiven Realismus stammt von *W. E. Scheuerman*: The Realist Case for Global Reform, S. VII.

19 Vgl. *W. E. Scheuerman*: The Realist Case for Global Reform, S. 70.

20 *Schumann*: Toward the World State, S. 19. Ausführlich dann in *Schuman*: The Commonwealth of Man, S. 421 ff. Dazu *W. E. Scheuerman*: The Realist Case for Global Reform, S. 87 ff.

21 *Schwarzenberger,* insbesondere S. 400 ff. zur Atlantikunion ebd., S. 452 ff. Zu Schwarzenberger siehe auch *W. E. Scheuerman*: The Realist Case for Global Reform, S. 84 ff.

Auch die Theorie der *Global Governance* lehnt eine inter- bzw. supranationale Weltordnung mit zumindest partiellem Gewaltmonopol ab. Das komplexe Weltregieren erfolgt danach durch ein konstruktives Zusammenwirken von staatlichen und nicht-staatlichen Akteuren – vor allem NGOs – in dynamischen Prozessen interaktiver Entscheidungsfindung von der lokalen bis zur globalen Ebene.[22] Neben Global-Governance-Ansätzen stehen Theorien, die zwar eine globale Demokratie etablieren, ihr aber nicht die feste Form einer staatlichen Organisation verleihen wollen.[23]

Globalismus, (Neo-)Realismus und Global-Governance-Theorie widersprechen je für sich zentralen Elementen des Kantischen Weltföderalismus, nämlich dem Postulat einer den Einzelstaaten übergeordneten öffentlichen Gewalt, der föderalen Organisationsstruktur der globalen Ordnung und der Ablehnung des Balance-Modells.

Näher an Kantischem Gedankengut bewegt sich der Entwurf einer völkerrechtlichen Rahmenordnung von John Rawls, den er in seiner Schrift „Das Recht der Völker" entwickelt hat.[24] Er weist jedoch eine dualistische Struktur auf, die dem Umstand Rechnung trägt, dass das Ziel der von Kant geforderten Republikanisierung aller sich qua Vertrag zusammenschließenden „Völker" noch in weiter Ferne liegt. In der „idealen Theorie" schließen sich Bürger und sog. „liberale", d.h. republikanisch organisierte, und sog. „achtbare", d.h. nur eingeschränkt liberale Völker zusammen.[25] Die „nicht-ideale" Theorie beschäftigt sich dann mit dem Umgang mit sog. „belasteten" oder „Schur-

---

22 Siehe dazu die aktuelle Grundlegung bei *Zürn*: A Theory of Global Governance, passim, und *ders.*: Regieren jenseits des Nationalstaats, insbesondere S. 294 ff. Überblick bei *Reder,* passim.

23 So etwa *Marchetti,* S. 33 ff., und *Archibugi,* S. 15 ff. Jeglichen Kosmopolitismus ablehnend dagegen *Zolo,* insbesondere S. 164 ff.

24 *Rawls,* S. 11 ff. Dazu u.a. *Hahn,* S. 86 ff. Zu den kosmopolitischen Verbindungslinien zwischen Kant und Rawls siehe auch *Bernstein,* S. 3 ff.

25 *Rawls,* S. 11 ff.

kenstaaten" („burden societies").[26] Hier wird dann auch die Frage nach dem gerechten Krieg erörtert.[27] Rawls' „Recht der Völker" ist vielfach mit dem Hinweis kritisiert worden, dass es sich gedanklich nicht auf der Höhe seiner „Theorie der Gerechtigkeit" von 1971 befinde, die das Thema der internationalen Beziehungen ausgespart hatte.[28] Gleichwohl ist davon auszugehen, dass seinen realistische Utopie auch im 21 Jahrhundert einen beachtlichen und zu beachtenden Ansatz liefert.[29] Eine originär weltföderalistische Theorie im *Kantischen* Sinne liefert er jedoch nicht.

Nachdem Jürgen Habermas zunächst in Auseinandersetzung mit Kant dessen Postulat einer supranationalen globalen Organisation übernommen hatte[30], favorisiert er inzwischen eine auf dem Zusammenschluss der individuellen Weltbürgerinnen und Weltbürger basierende Weltorganisation ohne zentrales Gewaltmonopol.[31] Dieses postnationale Konzept einer „Weltstaatlichkeit ohne Weltstaat"[32] schwächt natürlich spürbar den vernunftbasierten Kantischen Verrechtlichungsimpuls. Insbesondere im Hinblick auf die universale Geltung der Menschenrechte nimmt Habermas aber selbst ein „utopisches Gefälle" wahr:

> „Einerseits können Menschenrechte nur in einem partikularen Gemeinwesen, zunächst innerhalb eines Nationalstaates, die positive Geltung von Grundrechten erlangen. Andererseits würde sich ihr universalistischer, über alle Grenzen hinausweisender Geltungsanspruch allein in einem weltweit inklusiven Gemeinwesen auflösen."[33]

---

26 *Rawls*, S. 111 ff. Dazu *Hahn*, S. 90 ff.

27 Dazu u. a. *Stoppenbrink*, S. 117 ff.

28 Zur Kritik siehe u. a. *Hahn*, S. 92 ff. m. w. N.

29 Ebenso *Hahn/Mosayebi*, S. 213 ff.

30 *Habermas*: Kants Idee des ewigen Friedens, S. 192 ff.

31 *Habermas*: Hat die Konstitutionalisierung des Völkerrechts noch eine Chance?, S. 113 ff.

32 Vgl. *Neyer*, S. 142.

33 *Habermas*: Das Konzept der Menschenwürde, S. 31. Zur „Staats- und Weltstaatsbedürftigkeit" der Menschenrechte zurecht deutlich *Tönnies*, S. 147 ff.

In der Europäischen Union erblickt er einen „entscheidende(n) Schritt auf dem Weg zu einer politisch verfassten Weltgesellschaft".[34] Gleichwohl schreckt er vor dem klaren Postulat einer weltföderalen politischen Ordnung zurück.[35] So werden auch den Vereinten Nationen die funktionalen Flügel gestutzt:

> „Die Vereinten Nationen sollten als eine politisch verfasste Gemeinschaft von Staaten und Bürgern reorganisiert und gleichzeitig auf die Kernfunktionen der Friedenssicherung und der globalen Durchsetzung der Menschenrechte beschränkt werden."[36]

Habermas favorisiert ein Mehrebenenmodell, „das in Sachen Friedens- und Gerechtigkeitssicherung eine Arbeitsteilung zwischen Staaten, Staatenbünden und der Weltgesellschaft vorsieht".[37] Nicht nur vereinzelt und i.E. zurecht wird neben der Nähe von Habermas zu Kant auch seine Nähe zur Global-Governance-Theorie diagnostiziert.[38] Eine dezidierte Theorie des Weltföderalismus ist bei Habermas jedenfalls nicht zu finden.

Eine besondere Nähe zu Kant weist schließlich das Konzept eines subsidiären demokratischen Weltstaats von Otfried Höffe auf.[39] Ausgehend vom zwischenstaatlichen Naturzustandstheorem und einer im Hinblick auf Individuen und Staaten kontraktualistischen Herrschaftslegitimation entwirft er ein im Vergleich zu Kant organisatorisch stärker ausdifferenziertes weltföderales System. Es entspricht i.W. einer Transformation des bundesstaatlichen Gedankens auf die globale Ebene. Die materiellen Kompetenzen des Weltstaats sind – wie bei Kant – sehr gering.

---

34 *Habermas*: Die Krise der Europäischen Union, S. 40. Zu Habermas' Sicht auf die Europäische Union siehe ausführlich *Micalizzi*, S. 63 ff.

35 Dazu auch *Asbach*: Jenseits des internationalen Naturzustands?, S. 222 ff., und *W. E. Scheuermann*: Globales Regieren ohne Staatlichkeit?, S. 247 ff.

36 *Habermas*: Die Krise der Europäischen Union, S. 85.

37 *Hahn*, S. 131. Dazu auch *Neyer*, S. 142 ff. Zur Kritik an diesem Model siehe u. a. *Humrich*, S. 385 ff.

38 Vgl. *Risse*, insbesondere S. 74 ff. Zum Konnex zwischen Kant, Habermas und Rawls siehe aber auch *Mertens*, S. 60 ff.

39 Dieses Konzept ist insbesondere niedergelegt in *Höffe*: Demokratie im Zeitalter der Globalisierung, passim.

Höffe selbst spricht von einem „Minimal-" bzw. „Nachtwächterstaat", der die meisten Regelungsbefugnisse bei den Mitgliedstaaten belässt.[40]

II. Aktualität in der politischen Realität

Kants politische Philosophie des Weltföderalismus hat auch in der jüngeren und aktuellen politischen Realität Spuren hinterlassen. So ist z. B. sein Einfluss auf die Konfiguration des *Völkerbundes* von 1920 über dessen spiritus rector – den damaligen US-Präsidenten Thomas Woodrow Wilson – offensichtlich.[41]

Deutlich ist auch die Nähe zwischen seinen global-politischen Prinzipien und der *Europäischen Union*. Die EU ist eine supranationale Union mit Rechtsetzungskompetenzen in begrenzten Themenfeldern, die jedoch über eine bloße Sicherung des äußeren Friedens hinausgehen.[42] Sie ist eine Wertegemeinschaft und lässt als Mitgliedstaaten i.W. nur demokratische Verfassungsstaaten bzw. – in Kants Diktion – Republiken zu. Schließlich entspricht sie auch dem Kantischen Gedanken der evolutionären Entwicklung, da sie sich gem. Art. 1 EUV als „Stufe bei der Verwirklichung einer immer engeren Union der Völker Europas" begreift.

Prima facie liest sich auch die Charta der *Vereinten Nationen* wie ein Derivat aus Kants Friedensschrift. Bei näherem Hinsehen offenbaren sich jedoch auch gravierende Unterschiede.[43] So gibt es für die Mitgliedschaft in der UNO keine materiellen Voraussetzungen wie etwa eine innerstaatliche republikanische Organisationsform. Zudem gehen ihre Aufgaben inzwischen über die reine Friedenssicherung hinaus; dies entspricht i. Ü. den

---

[40] So auch *Höffe*: Königliche Völker, S. 227.

[41] Dazu u. a. *Vorländer*: Kant und der Gedanke des Völkerbundes, S. 67 ff.

[42] Vgl. *Oppermann,* Rn. 1 ff., und *Streinz,* Rn. 86 ff.

[43] Zum System der Vereinten Nationen siehe u. a. *Gareis/Varwick,* S. 19 ff.; *Wolf,* S. 18 ff., und *Verdross/Simma,* S. 69 ff. Zu den Unterschieden siehe *Höffe*: Ausblick, S. 175 ff.

aktuellen globalen Problemlagen. Ferner entspricht die Organisationsstruktur der UNO nicht den kantisch-republikanischen Prinzipien; dies gilt vor allem für die Zusammensetzung und die Kompetenzen des Sicherheitsrates.[44] Schließlich wird das von Kant in den Präliminarartikeln verankerte Nichteinmischungsverbot durch die Doktrin der „responsibility to protect"[45], d.h. der humanitären Interventionen – i.Ü. aus sehr nachvollziehbaren Gründen – durchbrochen.

---

44 Vgl. *Kennedy,* S. 71 ff. („Das Rätsel des Sicherheitsrates").

45 Dazu u.a. *Scheuermann,* S. 46 ff. m.w.N.

E. Thesen

Statt abschließender Bemerkungen nebst Ausblick werden zum Abschluss noch acht Thesen dargeboten, die unmittelbar zur Diskussion anregen sollen.

1. Das Modell des Einzel- bzw. Nationalstaates gerät im Zuge der Globalisierung zunehmend unter Druck. Zahlreiche globale und existenzielle Probleme können nicht mehr auf der Ebene souveräner Einzelstaaten gelöst werden.

2. Mit und von Kant ist zu lernen, dass für eine nachhaltige, d.h. rechtssichere Bewältigung der entgrenzten Probleme eine supranationale Organisation mit globaler Rechtsetzungs- und Rechtdurchsetzungsbefugnis, d.h. ein Weltstaat zwingend erforderlich ist.

3. Art und Anzahl global-regelungsbedürftiger Materien gehen im 21. Jahrhundert weit über die bloße Friedenssicherung, die Kant noch vor Augen stand, hinaus. Die internationale Sicherheit bleibt ein Thema, wird aber ergänzt u.a. um die Regelungsmaterien der Ökonomie, der Ökologie etc.

4. Der Weltstaat sollte in seinem Innern nach den Maßstäben des demokratischen Verfassungsstaates organisiert sein. Daher sollte er sich auch aus demokratischen Verfassungsstaaten zusammensetzen. Diese innere Organisationsform der Mitgliedstaaten gehört zu den Homogenitätsanforderungen im Weltstaat.

5. Neben dieser Homogenitätsanforderung verbleiben den Mitgliedstaaten im Rahmen der gestuften bzw. gemeinsamen Souveränität eine Vielzahl von eigenständigen Aufgabenbereichen, so etwa im Bereich der Kultur i.w.S. Der Weltstaat ist also notwendig ein *weltföderaler* Staat.

6. Auf dem Weg zum Weltföderalismus ist zum einen die Europäische Union als organisatorische Zwischenstufe zwischen

Einzelstaaten und föderalem Weltstaat – ggf. durch Reformen – zu stärken.[1] Beizubehalten ist insbesondere ihr Charakter als politische Wertegemeinschaft im Sinne einer Verfestigung und weiteren Verbreitung demokratischer Verfassungsstaatlichkeit.

7. Das Postulat der Stärkung durch Reform gilt in gleicher Weise für die UNO, auch wenn sie allen und nicht nur demokratischen Verfassungsstaaten offensteht. Auch die UNO ist ein Nucleus in der evolutionären Entwicklung zum Weltföderalismus.

8. Die Errichtung eines global-föderalen politischen Systems bedeutet nicht das Ende aller realen Konflikte, aller Auseinandersetzungen um Weltanschauung und Religion, um Politik und Gesellschaftsordnung. Weltföderalismus bedeutet nicht Frieden in dem umfassenden Sinn, den nur Religion und Philosophie diesem Begriff geben können. Weltföderalismus umfasst nur, aber immerhin die Bedingungen der Möglichkeit für ein Überleben der Menschheit als ganze, für eine global verbindliche Ordnung, die die genannten Auseinandersetzungen in einem global verträglichen Rahmen hält.

9. Es steht nicht zu erwarten, dass der den Frieden, die Freiheit, die (Rechts-)Sicherheit sowie die ökonomische und ökologische Gerechtigkeit sichernde Weltföderalismus in absehbarer Zeit Wirklichkeit wird.[2] Auch wenn sich mit der UNO und vor

[1] Lesens- und bedenkenswert ist auch die „politische Utopie“ einer EU-Republik bei *Guérot,* S. 101 ff. Zu den Stolpersteinen auf dem Weg zu einer Fortentwicklung der EU siehe u. a. *Patel,* insbesondere S. 295 ff. Zum bisherigen Weg der EU siehe u. a. *van Middelaar,* S. 81 ff.

[2] Allerdings mehren sich auch jenseits der originär global-philosophischen Philosophie die Stimmen, die eine entsprechende Entwicklung im politischen Bereich anstoßen wollen. Beispielhaft kann hier der Entwurf eines weltföderalistischen Systems mit einem Weltparlament angeführt werden, der von *Leinen/Bummel,* insbesondere S. 367 ff., vorgelegt wurde. Aus der originär juristischen (bzw. völkerrechtlichen) Literatur regt vor allem die fundierte Studie von *Kleinlein* zur „Konstitutionalisierung im Völkerrecht“ zum Nach- und Weiterdenken an, insbesondere die „Überlegungen zu einer Prinzipienlehre des pluralistischen Verfassungsrechts jenseits des Staates“, ebd., S. 617 ff.

allem der EU – bei allen Unzulänglichkeiten und Rückschlägen[3] – einige „Geschichtszeichen“ ausmachen lassen, die in diese Richtung weisen, ist im Sinne Kants mit einer evolutionären Entwicklung zu rechnen, die einen langen historischen Atem, dabei aber schon jetzt das gemeinsame Engagement der Menschheit erfordert.[4] Insofern kann mit den abschließenden Worten des Kant-Schülers Karl Salomo Zachariä aus seiner „Janus“-Schrift von 1802 auch hier geschlossen werden: „Schweigend trete ich hier von dem Abgrunde der Zukunft zurück; gedemüthiget und gehoben zugleich durch die Betrachtung dessen, was der Mensch schon gethan hat, und was ihm noch zu thun übrig ist.“[5]

---

[3] Vgl. der paradigmatische Titel der Arbeit von *Weiss*: What's Wrong with the United Nations and How to Fix it. Zur Diagnose der Unzulänglichkeiten siehe ebd., S. 19 ff.; zu den „Palliatives if Not Cures“ ebd., S. 135 ff.

[4] Vgl. die optimistische Conclusio bei *Hodgson*, S. 128: „All it takes to establish a world state is for a coalition of powerful states to vest enough power in an international governing body to enable it to secure effectively the rights of all states against one another. Kant's doubts notwithstanding, there is good reason to believe that realizing the ideal set by external freedom is possible in this world.“

[5] *Zachariä*, S. 254.

Literaturverzeichnis

Alexy, Robert: Ralf Dreiers Interpretation der Kantischen Rechtsdefinition, in: ders. (Hrsg.), Integratives Verstehen. Zur Rechtsphilosophie Ralf Dreiers, Tübingen 2005, S. 95 ff.

Archibugi, Daniele: The Global Commonwealth of Citizens. Toward Cosmopolitan Democracy, Princeton 2008.

Asbach, Olaf: Politik und Frieden beim Abbé de Saint-Pierre, in: Politisches Denken. Jahrbuch 1995/96, hrsg. von Volker Gerhardt, Stuttgart 1996.

Asbach, Olaf: Internationaler Naturzustand und Ewiger Friede. Die Begründung einer rechtlichen Ordnung zwischen Staaten bei Rousseau und Kant, in: Hüning, Dieter/Tuschling, Burkhard (Hrsg.), Recht, Staat und Völkerrecht bei Immanuel Kant, Berlin 1998, S. 203 ff.

Asbach, Olaf: Die Zähmung der Leviathane. Die Idee der Rechtsordnung zwischen Staaten bei Abbé de Saint-Pierre und Jean-Jacques Rousseau, Berlin 2002.

Asbach, Olaf: Staat und Politik zwischen Absolutismus und Aufklärung. Der Abbé Saint-Pierre und die Herausbildung der französischen Aufklärung bis zur Mitte des 18. Jahrhunderts, Hildesheim/Zürich/New York 2005.

Asbach, Olaf: Jenseits des internationalen Naturzustands? Habermas und die Transformation des neuzeitlichen Völkerrechts, in: Schaal, Gary S. (Hrsg.), Das Staatsverständnis von Jürgen Habermas, Baden-Baden 2009, S. 213 ff.

Augustinus, Aurelius: Vom Gottesstaat, dt. von Wilhelm Timme, München 1991.

Auth, Günther: Theorien der internationalen Beziehungen kompakt. Die wichtigsten Theorien auf einen Blick, 2. Aufl., Berlin/München/Boston 2015.

Avineri, Shlomo: Hegels Theorie des modernen Staates (1972), Frankfurt/M. 1976.

Axinn, Sydney: Kant on World Government, in: Funke, Gerhard/Seebohm, Thomas (Hrsg.), Proceedings of the Sixth International Kant Congress, Washington 1989, S. 245 ff.

Barreau, Thierry: L'Abbé de Saint-Pierre. L'Européen des Lumières, Cherbourg-Octeville 2012.

Bauman, Zygmunt: Retrotopia, Berlin 2017.

Baumgartner, Hans Michael: Dreimal „Ewiger Friede". Über Struktur und Kontexte der Kantischen Rede vom „ewigen Frieden", in: Lutz-Bachmann, Matthias/Bohman, James (Hrsg.), Frieden durch Recht. Kants Friedensidee und das Problem einer neuen Weltordnung, Frankfurt/M. 1996, S. 76 ff.

Beck, Ulrich: Was ist Globalisierung? Irrtümer des Globalismus – Antworten auf Globalisierung, Frankfurt/M. 1998.

Beck, Ulrich: Die Metamorphose der Welt, Berlin 2017.

Beestermöller, Gerhard: Die Völkerbundsidee. Leistungsfähigkeit und Grenzen der Kriegsächtung durch Staatensolidarität, Stuttgart/Berlin/Köln 1995.

Behr, Hartmut: Morgenthau als Kritiker des Nationalstaates und des Nationalismus, in: Rohde, Christoph/Troy, Jodok (Hrsg.), Macht, Recht, Demokratie. Zum Staatsverständnis Hans J. Morgenthaus, Baden-Baden 2015, S. 163 ff.

Beitz, Charles R.: Political Theory and International Relations, Princeton 1979.

Benner, Thorsten/*Skierka,* Isabel: Digitale Souveränität, in: Woyke, Wichard/Varwick, Johannes (Hrsg.), Handbuch Internationale Politik, 13. Aufl., Lizenzausgabe für die Bundeszentrale für politische Bildung, Bonn 2016, S. 45 ff.

Bentham, Jeremy: Grundsätze für ein künftiges Völkerrecht und einen dauernden Frieden (Principles of international law, 1786/89), hrsg. von Oskar Kraus, übersetzt von Camill Klatscher, Halle/S. 1915.

Bernstein, Alyssa R.: Kant, Rawls, and Cosmopolitism: *Toward Perpetual Peace* and *The Law of Peoples,* Jahrbuch für Recht und Ethik 17 (2009), S. 3 ff.

Bevilaqua, Alexander: Conceiving the Republic of Mankind. The Political Thought of Anarchasis Cloots, History of European Ideas 38 (2012), S. 550 ff.

Bohman, James: Die Öffentlichkeit des Weltbürgers. Über Kants „negatives Surrogat“, in: Lutz-Bachmann, Matthias/ders. (Hrsg.), Frieden durch Recht. Kants Friedensidee und das Problem einer neuen Weltordnung, Frankfurt/M. 1996, S. 87 ff.

Bois, Jean-Pierre: L'abbé de Saint-Pierre. Entre classicisme et Lumière, Ceyzérieu 2017.

Borner, Wilhelm: Das Weltstaatsprojekt des Abbé de Saint-Pierre. Ein Beitrag zur Geschichte der Weltfriedensidee (1913), London 2015.

Borowski, Ludwig Ernst: Darstellung des Lebens und des Charakters Immanuel Kants (1804), in: Immanuel Kant. Sein Leben in Darstellungen von Zeitgenossen. Die Biografien von Borowski, Jachmann und Wasianski, Neuausgabe, Darmstadt 2012.

Brandt, Reinhard: Das Erlaubnisgesetz, oder: Vernunft und Geschichte in Kants Rechtslehre, in: ders. (Hrsg.), Rechtsphilosophie der Aufklärung. Symposium in Wolfenbüttel 1981, Berlin/New York 1982, S. 233 ff.

Brandt, Reinhard: Historisch-kritische Beobachtungen zu Kants Friedensschrift, in: Merkel, Reinhard/Wittmann, Roland (Hrsg.), „Zum ewigen Frieden“. Grundlagen, Aktualität und Aussichten einer Idee von Immanuel Kant, Frankfurt/M. 1996, S. 31 ff.

Brandt, Reinhard: Das Problem der Erlaubnisgesetze im Spätwerk Kants, in: Höffe, Otfried (Hrsg.), Immanuel Kant. Zum ewigen Frieden, Berlin 2011, S. 47 ff.

Brandt, Reinhard: Vom Weltbürgerrecht, in: Höffe, Otfried (Hrsg.), Immanuel Kant. Zum ewigen Frieden, Berlin 2011, S. 95 ff.

Bülck, Hartwig: Föderalismus als internationales Ordnungsprinzip, VVDStRL 21 (1964), S. 1 ff.

Burckhardt, Carl Jacob: Sullys Plan einer Europaordnung, in: ders., Vier historische Betrachtungen, Zürich 1953, S. 14 ff.

Burg, Peter: Kant und die Französische Revolution, Berlin 1974.

Burg, Peter: Kants Deutung der Französischen Revolution im „Streit der Fakultäten“, in: Funke, Gerhard (Hrsg.), Akten des 4. Internationalen Kant-Kongresses. Mainz 6.–10. April 1974, Teil II. 2., Berlin/New York 1974, S. 656 ff.

Busch, Werner: Immanuel Kants Schrift „Zum ewigen Frieden“ im Kontext seines philosophischen Werks, in: Immanuel Kant. Zum ewigen Frieden. Ein philosophischer Entwurf, sprachlich überarbeitet und neugefasst von Jost-Dieter Busch, Kiel 2009.

Capps, Patrick/*Rivers*, Julian: Kant's Concept of International Law, Legal Theory 16 (2010), S. 229 ff.

Carson, Thomas: Perpetual Peace: What Kant should have said, Social Theory and Practice 14 (1988), S. 173 ff.

Cavallar, Georg: Pax Kantiana. Systematisch-historische Untersuchung des Entwurfs „Zum ewigen Frieden" (1795) von Immanuel Kant, Wien/Köln/Weimar 1992.

Cavallar, Georg: Kant and the Theory and Practice of International Right, Cardiff 1999.

Cavallar, Georg: Cosmopolitanisms in Kant's philosophy, Ethics & Global Politics 5 (2012), S. 95 ff.

Chevenal, Francis: Philosophie in weltbürgerlicher Bedeutung. Über die Entstehung und die philosophischen Grundlagen des supranationalen und kosmopolitischen Denkens der Moderne, Basel 2002.

Chevenal, Francis: Der kosmopolitische Republikanismus – erläutert am Beispiel Anarchasis Cloots', ZPhilF 58 (2004), S. 373 ff.

Cloots, Anarchasis: L'oratuer du genre humain, ou dépêche du prussien Cloots au prussien Hertzberg (1791), in: ders., Écrits révolutionnaires 1790–1794, hrsg. von Michèle Duval, Paris 1979, S. 101 ff.

Cloots, Anarchasis: La république universelle ou adresse au tyrannicides (1792), in: ders., Écrits révolutionnaires 1790–1794, hrsg. von Michèle Duval, Paris 1979, S. 243 ff.

Cloots, Anarchasis: Bases constitutionelles de la république du genre humain (1793), in: ders., Écrits révolutionnaires 1790–1794, hrsg. von Michèle Duval, Paris 1979, S. 473 ff.

Coulmas, Peter: Weltbürger. Geschichte einer Menschheitssehnsucht, Reinbek 1990.

Crucé, Émeric: Der Neue Kineas. Oder Abhandlung über die Gelegenheiten und Mittel, einen allgemeinen Frieden sowie die Freiheit des Handels auf dem ganzen Erdkreise zu begründen (1623), partiell abgedruckt in: Kurt von Raumer, Ewiger Friede. Friedensrufe und Friedenspläne seit der Renaissance, Freiburg/München 1953, S. 289 ff.

Dante Alighieri: Monarchie (De Monarchia), übersetzt und erklärt mit einer Einführung von Constantin Sauter (1913), Aalen 1974.

Demandt, Alexander: Alexander der Große. Leben und Legende, München 2009.

Deuerlein, Ernst: Föderalismus. Die historischen und philosophischen Grundlagen des föderativen Prinzips, Bonn 1972.

Dietze, Anita/*Dietze,* Walter: Einleitung. Abriss einer Entwicklungsgeschichte der Friedensidee vom Mittelalter bis zur Französischen Revolution, in: dies. (Hrsg.), Ewiger Friede? Dokumente einer deutschen Diskussion um 1800, München 1989, S. 7 ff.

Dietze, Anita/*Dietze,* Walter: Nachwort. Verlauf, Höhepunkte und Ergebnisse der deutschen Friedensdiskussion um 1800, in: dies. (Hrsg.), Ewiger Friede? Dokumente einer deutschen Diskussion um 1800, München 1989, S. 501 ff.

Diogenes Laertios: Leben und Lehre der Philosophen, Stuttgart 1998.

Dreier, Ralf: Zur Einheit der praktischen Philosophie Kants. Kants Rechtsphilosophie im Kontext seiner Moralphilosophie (1979), in: ders., Recht–Moral–Ideologie. Studien zur Rechtstheorie, Frankfurt/M. 1981, S. 286 ff.

Dreier, Ralf: Das Fortschrittsproblem in rechtstheoretischer Sicht, in: ders./Immenga, Ulrich (Hrsg.), Rechtswissenschaft und Rechtsentwicklung, Göttingen 1980, S. 1 ff.

Dreier, Ralf: Rechtsbegriff und Rechtsidee. Kants Rechtsbegriff und seine Bedeutung für die gegenwärtige Situation, Frankfurt/M. 1986.

Drouet, Joseph: L'abbé De Saint-Pierre. L'homme & L'oeuvre, Paris 1912.

Ebbinghaus, Julius: Kants Lehre vom ewigen Frieden und die Kriegsschuldfrage, Tübingen 1929.

Eberl, Oliver/*Niesen,* Peter: Immanuel Kant. Zum ewigen Frieden und Auszüge aus der Rechtslehre. Kommentar, Berlin 2011.

Ellis, Elisabeth: Introduction, in: dies. (Hrsg.), Kant's Political Theory. Interpretations an Applications, Pennsylvania 2012, S. 1 ff.

Euchner, Walter: Kant als Philosoph des politischen Fortschritts, in: Batscha, Zwi (Hrsg.), Materialien zu Kants Rechtsphilosophie, Frankfurt/M. 1976, S. 390 ff.

Fetscher, Iring: Immanuel Kant und die Französische Revolution, in: Batscha, Zwi (Hrsg.), Materialien zu Kants Rechtsphilosophie, Frankfurt/M. 1976, S. 269 ff.

Fetscher, Iring: Rousseaus politische Philosophie. Zur Geschichte des demokratischen Freiheitsbegriffs, 7. Aufl., Frankfurt/M. 1993.

Fichte, Johann Gottlieb: Rezension: Zum ewigen Frieden. Ein philosophischer Entwurf von Immanuel Kant (1796), in: Batscha, Zwi/Saage, Richard (Hrsg.), Friedensutopien. Kant, Fichte, Schlegel, Görres, Frankfurt/M. 1979, S. 83 ff.

Figueroa, Dimas: Philosophie und Globalisierung, Würzburg 2004.

Frei, Christoph: Morgenthaus Blick auf den Staat, in: Rohde, Christoph/Troy, Jodok (Hrsg.), Macht, Recht, Demokratie. Zum Staatsverständnis Hans J. Morgenthaus, Baden-Baden 2015, S. 141 ff.

Friauf, Karl Heinrich/*Höfling,* Wolfram (Hrsg.): Berliner Kommentar zum Grundgesetz, Berlin 2020.

Friedrich, Carl Joachim: Inevitable Peace (1948). New York 1969.

Furgeson, Michaele: Unsocial Sociability: Perpetual Antagonism in Kant's Political Thought, in: Ellis, Elisabeth (Hrsg.), Kant's Political Theory. Interpretations and Applications, Pennsylvania 2012, S. 150 ff.

Gareis, Svern Bernhard/*Varwick,* Johannes: Die Vereinten Nationen. Aufgaben, Instrumente und Reformen, 5. Aufl., Opladen/Toronto 2014.

Geier, Manfred: Kants Welt. Eine Biographie, Reinbek 2003.

Geismann, Georg: Kant als Vollender von Hobbes und Rousseau, Der Staat 1982, S. 161 ff.

Geismann, Georg: Kants Lehre vom Rechtsfrieden, ZPhF 37 (1983), S. 363 ff.

Gentz, Friederich: Über den Ewigen Frieden (1800), in: Raumer, Kurt von, Ewiger Friede. Friedensrufe und Friedenspläne seit der Renaissance, Freiburg/München, S. 461 ff.

Gerhardt, Volker: Immanuel Kants Entwurf „Zum ewigen Frieden". Eine Theorie der Politik, Darmstadt 1995.

Goyard-Fabre, Simone: La construction de la paix ou le travail de Sysiphe, Paris 1994.

Grimm, Dieter: Souveränitätsverlust?, in: Voigt, Rüdiger (Hrsg.), Staatsdenken. Zum Stand der Staatstheorie heute, Baden-Baden 2016, S. 472 ff.

Gu, Xuewu: Theorien der internationalen Beziehungen. Einführung, Berlin/Boston 2018.

Guérot, Ulrike: Warum Europa eine Republik werden muss. Eine politische Utopie, 2. Aufl., München 2018.

Gulyga, Arsenij: Immanuel Kant (1977), Frankfurt/M. 1985.

Habermas, Jürgen: Kants Idee des ewigen Friedens – aus dem historischen Abstand von 200 Jahren (1995), in: ders., Die Einbeziehung des Anderen. Studien zur politischen Theorie, Frankfurt/M. 1996, S. 192 ff.

Habermas, Jürgen: Hat die Konstitutionalisierung des Völkerrechts noch eine Chance, in: ders., Der gespaltene Westen. Kleine politische Schriften X, Frankfurt/M. 2004, S. 113 ff.

Habermas, Jürgen: Das Konzept der Menschenwürde und die realistische Utopie der Menschenrechte, in: ders., Zur Verfassung Europas. Ein Essay, Berlin 2011, S. 13 ff.

Habermas, Jürgen: Die Krise der Europäischen Union im Lichte einer Konstitutionalisierung des Völkerrechts – Ein Essay zur Verfassung Europas, in: ders., Zur Verfassung Europas. Ein Essay, Berlin 2011, S. 39 ff.

Hackel, Volker Markus: Kants Friedensschrift und das Völkerrecht, Berlin 2000.

Hahn, Henning: Globale Gerechtigkeit. Eine philosophische Einführung, Frankfurt/M./New York 2009.

Hahn, Henning: Toleranz gegenüber nichtliberalen Völkern (§§ 7–9), in: ders./Mosayebi, Reza (Hrsg.), John Rawls: Das Recht der Völker, Berlin/Boston, S. 79 ff.

Hahn, Henning/*Mosayebi,* Reza: Ausblick: Was bleibt von Rawls' *Das Recht der Völker,* in: dies. (Hrsg.), John Rawls: Das Recht der Völker, Berlin/Boston, S. 213 ff.

Hecht, Thomas: Organisierte Kriminalität/Korruption, in: Woyke, Wichard/Varwick, Johannes (Hrsg.), Handbuch Internationale Politik, 13. Aufl., Lizenzausgabe für die Bundeszentrale für politische Bildung, Bonn 2016, S. 348 ff.

Hegel, Georg Wilhelm Friedrich: Grundlinien der Philosophie des Rechts oder Naturrecht und Staatswissenschaft im Grundrisse (1821), Frankfurt/M. 1986.

Heidemann, Dietmar H.: Letzte Zwecke. Die Grundlegung des Föderalismus in Kants politischer Teleologie, in: ders./Stoppenbrink, Katja (Hrsg.), Join, or Die – Philosophical Foundations of Federalism, Berlin/Boston 2018, S. 93 ff.

Held, David: Soziale Demokratie im globalen Zeitalter (2004), Frankfurt/M. 2007.

Herdegen, Matthias: Europarecht, 20. Aufl., München 2018.

Hestermeyer, Holger: Eigenständigkeit und Homogenität in föderalen Systemen. Eine vergleichende Studie der föderalen Ordnungen der Bundesrepublik Deutschland, der Vereinigten Staaten und der Europäischen Union, Tübingen 2019.

Hirsch, Alfred: Rousseaus Traum vom ewigen Frieden, München 2012.

Hirschmann, Kai: Internationaler Terrorismus, in: Woyke, Wichard/Varwick, Johannes (Hrsg.), Handbuch Internationale Politik, 13. Aufl., Lizenzausgabe für die Bundeszentrale für politische Bildung, Bonn 2016, S. 228 ff.

Hodgson, Louis-Philippe: Realizing External Freedom: The Kantian Argument for a World State: in: Ellis, Elisabeth (Hrsg.), Kant's Political Theory. Interpretations and Applications, Pennsylvania 2012, S. 101 ff.

Höffe, Otfried: Kategorische Rechtsprinzipien. Ein Kontrapunkt der Moderne, Frankfurt/M. 1990.

Höffe, Otfried: Kant als Theoretiker der internationalen Rechtsgemeinschaft, in: Schönrich, Gerhard/Kato, Yasushi (Hrsg.), Kant in der Diskussion der Moderne, Frankfurt/M. 1996, S. 489 ff.

Höffe, Otfried: Demokratie im Zeitalter der Globalisierung, München 1999.

Höffe, Otfried: Der kategorische Rechtsimperativ. „Einleitung in die Rechtslehre", in: ders. (Hrsg.), Immanuel Kant. Metaphysische Anfangsgründe der Rechtslehre, Berlin 1999, S. 41 ff.

Höffe, Otfried: „Königliche Völker". Zu Kants kosmopolitischer Rechts- und Friedenstheorie, Frankfurt/M. 2001.

Höffe, Otfried: Einleitung: Der Friede – ein vernachlässigtes Ideal, in: ders. (Hrsg.), Immanuel Kant. Zum ewigen Frieden, 3. Auflage, Berlin 2011, S. 1 ff.

Höffe, Otfried: Völkerbund oder Weltrepublik?, in: ders. (Hrsg.), Immanuel Kant. Zum ewigen Frieden, 3. Auflage, Berlin 2011, S. 77 ff.

Höffe, Otfried: Ausblick: Die Vereinten Nationen im Lichte Kants, in: ders. (Hrsg.), Immanuel Kant. Zum ewigen Frieden, 3. Auflage, Berlin 2011, S. 175 ff.

Höffe, Otfried: Kants Kritik der praktischen Vernunft. Eine Philosophie der Freiheit, München 2012.

Höffe, Otfried: Immanuel Kant, 8. Aufl., München 2014.

Höffe, Otfried: Geschichte des politischen Denkens. Zwölf Porträts und acht Miniaturen, München 2016.

Hofmann, Hasso: Zur Lehre vom Naturzustand in der Rechtsphilosophie der Aufklärung, in: Brandt, Reinhardt (Hrsg.), Rechtsphilosophie der Aufklärung. Symposium in Wolfenbüttel 1981, Berlin/New York 1982, S. 12 ff.

Holz, Hans Heinz: Gedanken zu Krieg und Frieden, in: Bialas, Volker/Häßler, Hans-Jürgen (Hrsg.), 200 Jahre Kants Entwurf „Zum ewigen Frieden". Idee einer globalen Friedensordnung, Würzburg 1996, S. 42 ff.

Horn, Christoph: Nichtideale Normativität. Ein neuer Blick auf Kants politische Philosophie, Frankfurt/M. 2014.

Hruschka, Joachim: Völkerstaat, Völkerbund und der permanente Staatenkongreß in Kants *Rechtslehre,* in: ders., Kant und der Rechtsstaat und andere Essays zu Kants Rechtslehre und Ethik, Freiburg/München 2015, S. 129 ff.

Huber, Peter Michael/*Voßkuhle,* Andreas (Hrsg.): Mangoldt, Hermann von/Klein, Friedrich/Starck, Christian: Grundgesetz. Kommentar, 7. Aufl., München 2018.

Humrich, Christoph: Faktizität ohne Geltung? Oder: Hat die Konstitutionalisierung des Völkerrechts eine diskurstheoretische Chance?, in: Niesen, Peer/Herborth, Benjamin (Hrsg.), Anarchie der kommunikativen Freiheit. Jürgen Habermas und die Theorie der internationalen Politik, Frankfurt/M. 2007, S. 383 ff.

Isensee, Josef: Idee und Gestalt des Föderalismus im Grundgesetz, in: ders./Kirchhof, Paul (Hrsg.), Handbuch des Staatsrechts, Bd. 6, 3. Aufl., Heidelberg 2008, S. 3 ff.

Jaspers, Karl: Immanuel Kant. Zu seinem 150. Todestag (1954), in: ders., Aneignung und Politik. Gesammelte Reden und Aufsätze zur Geschichte der Philosophie, München 1968, S. 242 ff.

Jaspers, Karl: Kants „Zum ewigen Frieden" (1957), in: ders., Aneignung und Politik. Gesammelte Reden und Aufsätze zur Geschichte der Philosophie, München 1968, S. 205 ff.

Jaspers, Karl: Kants Schrift „Zum ewigen Frieden" (1957), in: ders., Aneignung und Politik. Gesammelte Reden und Aufsätze zur Geschichte der Philosophie, München 1968, S. 233 ff.

Jaspers, Karl: Die Atombombe und die Zukunft des Menschen. Politisches Bewusstsein in unserer Zeit, München 1958.

Jellinek, Georg: Allgemeine Staatslehre, 3. Aufl., Berlin 1922.

Justenhoven, Heinz-Gerhard: Internationale Schiedsgerichtsbarkeit. Ethische Norm und Rechtswirklichkeit, Stuttgart 2006.

Justi, Johann Heinrich Gottlob von: Die Chimäre des Gleichgewichts in Europa, Altona 1758.

Kalscheuer, Fiete: Autonomie als Grund und Grenze des Rechts. Das Verhältnis zwischen dem kategorischen Imperativ und dem allgemeinen Rechtsgesetz Kants, Berlin/Boston 2014.

Kant, Immanuel: Beobachtungen über das Gefühl des Schönen und Erhabenen, AA II, S. 205 ff.

Kant, Immanuel: Versuch über die Krankheiten des Kopfes (1764), AA II, S. 257 ff.

Kant, Immanuel: Idee zu einer allgemeinen Geschichte in weltbürgerlicher Absicht (1784), AA VIII, S. 15 ff.

Kant, Immanuel: Moralphilosophie Collins (1784/85), AA XXVII, S. 237 ff.

Kant, Immanuel: Kritik der Urteilskraft (1790), AA V, S. 165 ff.

Kant, Immanuel: Die Religion innerhalb der Grenzen der bloßen Vernunft (1793), AA VI, S. 1 ff.

Kant, Immanuel: Über den Gemeinspruch: Das mag in der Theorie richtig sein, taugt aber nicht für die Praxis (1793), AA VIII, S. 273 ff.

Kant, Immanuel: Metaphysik der Sitten Vigilantius (1793/94), AA XXVII, S. 475 ff.

Kant, Immanuel: Zum ewigen Frieden. Ein philosophischer Entwurf (1795), AA VIII, S. 341 ff.

Kant, Immanuel: Vorarbeiten zum ewigen Frieden, AA XXIII, S. 153 ff.

Kant, Immanuel: Die Metaphysik der Sitten. Erster Teil. Metaphysische Anfangsgründe der Rechtslehre (1797), AA VI, S. 203 ff.

Kant, Immanuel: Vorarbeiten zu Die Metaphysik der Sitten. Erster Teil. Metaphysische Anfangsgründe der Rechtslehre, AA XXIII, S. 207 ff.

Kant, Immanuel: Der Streit der Fakultäten in drei Abschnitten (1798), AA VIII, S. 1 ff.

Kant, Immanuel: Logik. Ein Handbuch zu Vorlesungen (1800), AA IX, S. 1 ff.

Kant, Immanuel: Handschriftlicher Nachlass, AA XV und XVI.

Kennedy, Paul: Das Parlament der Menschheit. Die Vereinten Nationen und der Weg zur Weltregierung (2006), München 2007.

Kersting, Wolfgang: Wohlgeordnete Freiheit. Immanuel Kants Rechts- und Staatsphilosophie, Berlin/New York 1984.

Kersting, Wolfgang: Die politische Philosophie des Gesellschaftsvertrages, Darmstadt 1994.

Kersting, Wolfgang: Globale Rechtsordnung oder weltweite Verteilungsgerechtigkeit? Über den systematischen Grundriss einer politischen Philosophie der internationalen Beziehungen (1996), in: ders., Recht, Gerechtigkeit und demokratische Tugend. Abhandlungen zur praktischen Philosophie der Gegenwart, Frankfurt/M. 1997, S. 243 ff.

Kersting, Wolfgang: Einleitung: Probleme der politischen Philosophie der internationalen Beziehungen, in: Chwaszcza, Christine/ders. (Hrsg.), Politische Philosophie der internationalen Beziehungen, Frankfurt/M. 1998, S. 9 ff.

Kersting, Wolfgang: Jean Jacques Rousseaus „Gesellschaftsvertrag", Darmstadt 2002.

Kersting, Wolfgang: Kant über Recht, Paderborn 2004.

Kersting, Wolfgang: „Die bürgerliche Verfassung in jedem Staate soll republikanisch sein", in: Höffe, Otfried (Hrsg.), Immanuel Kant. Zum ewigen Frieden, 3. Auflage, Berlin 2011, S. 61 ff.

Kleingeld, Pauline: Approaching Perpetual Peace. Kant's Defence of a League of States and his Ideal of a World Federation, European Journal of Philosophy 12 (2004), S. 304 ff.

Kleingeld, Pauline: Kant's theory of peace, in: Guyer, Paul (Hrsg.), The Cambridge Companion to Kant and Modern Philosophy, Cambridge 2006, S. 477 ff.

Kleingeld, Pauline: Kant and Cosmopolitism. The Philosophical Ideal of World Citizenship, Cambridge 2013.

Kleinlein, Thomas: Konstitutionalisierung im Völkerrecht. Konstruktion und Elemente einer idealistischen Völkerrechtslehre, Heidelberg 2012.

Klenner, Hermann: Kants Entwurf „Zum ewigen Frieden" – Illusion oder Utopie?, in: Bialas, Volker/Häßler, Hans-Jürgen (Hrsg.), 200 Jahre Kants Entwurf „Zum ewigen Frieden". Idee einer globalen Friedensordnung, Würzburg 1996, S. 15 ff.

Koch, Eckart: Globalisierung: Wirtschaft und Politik. Chancen – Risiken – Antworten, 2. Aufl., Wiesbaden 2017.

Köhler, Michael: Einleitung zu Rousseaus Friedensschriften, in: Rousseau, Friedensschriften, hrsg. und übersetzt von Michael Köhler, Hamburg 2009, S. IX ff.

Krambartel, Friedrich: Kants Entwurf und das Prinzip der Nichteinmischung in die inneren Staatsangelegenheiten. Grundsätzliches zur Politik der Vereinten Nationen, in: Lutz-Bachmann, Matthias/Bohman, James (Hrsg.), Frieden durch Recht. Kants Friedensidee und das Problem einer neuen Weltordnung, Frankfurt/M. 1996, S. 240 ff.

Kraus, Oskar: Bentham, Kant, Wundt. Eine Einleitung zu Jeremy Benthams „Principles of international law", in: Bentham, Grundsätze für ein künftiges Völkerrecht und einen dauernden Frieden (Principles of international law, 1786/89), hrsg. von Oskar Kraus, übersetzt von Camill Klatscher, Halle/S. 1915, S. 1 ff.

Krell, Gert/*Schlotter,* Peter: Weltbilder und Weltordnung. Einführung in die Theorie der Internationalen Beziehungen, 5. Aufl., Baden-Baden 2018.

Krüger, Elmar: Der Traktat „De Ecclesiastica Potestate" des Aegidius Romanus. Eine spätmittelalterliche Herrschaftskonzeption des päpstlichen Universalismus, Köln/Weimar/Wien 2007.

Kühn, Manfred: Kant. Eine Biographie, München 2003.

Kuhn, Thomas: Die Struktur wissenschaftlicher Revolutionen (1962), Frankfurt/M. 1976.

Labbé, François: Anarchasis Cloots le Prussien francophile. Une philosophe au service de la Révolution française et universelle, Paris 1999.

Laubach-Hintermeier, Sonja: Kritik des Realismus, in: Chwaszcza, Christine/Kersting, Wolfgang (Hrsg.), Politische Philosophie der internationalen Beziehungen, Frankfurt/M. 1998, S. 73 ff.

Leinen, Jo/*Bummel,* Andreas: Das demokratische Weltparlament. Eine kosmopolitische Vision, Bonn 2017.

Lemke, Christiane: Internationale Beziehungen. Grundkonzepte, Theorien und Problemfelder, 4. Aufl., Berlin/Boston 2018.

Lerche, Peter: Föderalismus als nationales Ordnungsprinzip, VVDStRL 21 (1964), S. 66 ff.

Letteval, Rebecka: The Idea of Kosmopolis: Two Kinds of Cosmopolitism, in: dies./Linder, Klockar (Hrsg.), The Idea of Kosmopolis. History, philosophy and politics of world citizenship, Huddinge 2008, S. 13 ff.

Losurdo, Domenico: Immanuel Kant. Freiheit, Recht und Revolution, Köln 1987.

Lucas, Hans-Christian: „[...] eine Aufgabe, die nach und nach aufgelöst, ihrem Ziele beständig näher kommt“. Geschichte, Krieg und Frieden bei Kant und Hegel, in: Hüning, Dieter/Tuschling, Burkhard (Hrsg.), Recht, Staat und Völkerrecht bei Immanuel Kant, Berlin 1998, S. 247 ff.

Ludwig, Bernd: Kants Rechtslehre, Hamburg 1988.

Lutz-Bachmann, Matthias: Kants Friedensidee und das rechtsphilosophische Konzept einer Weltrepublik, in: ders./Bohman, James (Hrsg.), Frieden durch Recht. Kants Friedensidee und das Problem einer neuen Weltordnung, Frankfurt/M. 1996, S. 25 ff.

Marchetti, Raffaele: Global Democracy: For and Against. Ethical Theory, Institutional Design and Social Struggles, London 2008.

Marsilius von Padua: Der Verteidiger des Friedens (Defensor Pacis, 1324), hrsg. von Ernst Engelberg und Horst Kusch, Berlin 1958.

Masala, Carlo: Kenneth N. Waltz. Einführung in seine Theorie und Auseinandersetzung mit seinen Kritikern, 2. Aufl., Baden-Baden 2014.

Maunz, Theodor/*Dürig,* Günter (Hrsg.): Grundgesetz. Kommentar, München, Stand: Februar 2020.

Maus, Ingeborg: Verfassung oder Vertrag. Zur Verrechtlichung globaler Politik, in: Niesen, Peer/Herborth, Benjamin (Hrsg.), Anarchie der kommunikativen Freiheit. Jürgen Habermas und die Theorie der internationalen Politik, Frankfurt/M. 2007, S. 350 ff.

Menzel, Ulrich: Was ist Globalisierung – oder die Globalisierung vor der Globalisierung, in Ferdowski, Mir A. (Hrsg.), Weltprobleme, 6. Aufl., Bonn 2007, S. 23 ff.

Menzel, Ulrich: Die Ordnung der Welt. Imperium oder Hegemonie in der Hierarchie der Staatenwelt, Berlin 2015.

Merle, Jean-Christophe: Zur Geschichte des Friedensbegriffs vor Kant, in: Höffe, Otfried (Hrsg.), Immanuel Kant. Zum ewigen Frieden, 3. Auflage, Berlin 2011, S. 19 ff.

Mertens, Thomas: From „Perpetual Peace“ to „The Law of Peoples“: Kant, Habermas and Rawls on International Relations, Kantian Review 6 (2002), S. 60 ff.

Micalizzi, Fabrizio: Habermas und die Europäische Union. Perspektiven für eine Legitimitätssteigerung der europäischen Institutionen, Baden-Baden 2017.

Middelaar, Luuk van: Vom Kontinent zur Union. Gegenwart und Geschichte des vereinten Europa (2009), Berlin 2016.

Mierau, Heike Johanna: Kaiser und Papst im Mittelalter, Köln/Weimar/Wien 2010.

Moog, Willy: Kants Ansichten über Krieg und Frieden, Darmstadt 1917.

Morgenthau, Hans Joachim: The Intellectual and Political Functions of a Theory of International Relations, in: ders., The Decline of Democratic Politics, Chicago 1962.

Morgenthau, Hans Joachim: Macht und Frieden. Grundlegung einer Theorie der internationalen Politik, Gütersloh 1963.

Mortier, Roland: Anarchasis Cloots ou L'Utopie foudroyée, Paris 1995.

Müller, Jan-Werner: Verfassungspatriotismus, Frankfurt/M. 2010.

Müller, Klaus: Globalisierung, Frankfurt/M. 2002.

Murphy, Andrew R.: Liberty, Conscience & Toleration. The Political Thought of William Penn, Oxford 2016.

Neyer, Jürgen: Globale Demokratie. Eine zeitgemäße Einführung in die internationalen Beziehungen, Baden-Baden 2013.

Nida-Rümelin, Julian: Ewiger Friede zwischen Moralismus und Hobbesianismus, in: Merkel, Reinhard/Wittmann, Roland (Hrsg.), „Zum ewigen Frieden“. Grundlagen, Aktualität und Aussichten einer Idee von Immanuel Kant, Frankfurt/M. 1996, S. 239 ff.

Nussbaum, Martha: Kant und stoisches Weltbürgertum, in: Lutz-Bachmann, Matthias/Bohman, James (Hrsg.), Frieden durch Recht. Kants Friedensidee und das Problem einer neuen Weltordnung, Frankfurt/M. 1996, S. 25 ff.

Nussbaum, Martha: Kosmopolitismus. Revision eines Ideals, Darmstadt 2020.

O'Neill, Onora: Kant and the social contract tradition, in: Ellis, Elisabeth (Hrsg.), Kant's Political Theory. Interpretations and Applications, Pennsylvania 2012, S. 25 ff.

Oppermann, Thomas: § 4. Wesen der Europäischen Union, in: ders./Classen, Claus Dieter/Nettesheim, Martin, Europarecht. Ein Studienbuch, 5. Aufl., München 2011, S. 21 ff.

Osterhammel, Jürgen/*Petersson,* Niels P.: Geschichte der Globalisierung. Dimensionen, Prozesse, Epochen, 6. Aufl., München 2019.

Ottmann, Henning: Geschichte des politischen Denkens, Band 1/2. Die Griechen. Von Platon bis zum Hellenismus, Stuttgart 2001.

Ottmann, Henning: Geschichte des politischen Denkens, Band 2/2. Das Mittelalter, Stuttgart 2004.

Patel, Kiran Klaus: Projekt Europa. Eine kritische Geschichte, München 2018.

Patzig, Günther: Kants Schrift „Zum ewigen Frieden“, in: Merkel, Reinhard/Wittmann, Roland (Hrsg.), „Zum ewigen Frieden“. Grundlagen, Aktualität und Aussichten einer Idee von Immanuel Kant, Frankfurt/M. 1996, S. 12 ff.

Penn, William: Ein Essay zum gegenwärtigen und zukünftigen Frieden von Europa durch Schaffung eines europäischen Reichstags, Parlaments oder Staatenhauses (1683), in: Kurt von Baumer, Ewiger Friede. Friedensrufe und Friedenspläne seit der Renaissance, Freiburg/München 1953, S. 321 ff.

Pfordten, Dietmar von der: Kants Rechtsbegriff (2007), in: ders., Menschenwürde, Recht und Staat bei Kant. Fünf Untersuchungen, Paderborn 2009, S. 81 ff.

Pfordten, Dietmar von der: Rechtsethik, 2. Aufl., München 2011.

Pinzani, Alessandro: Das Völkerrecht (§§ 53–61), in: Otfried Höffe (Hrsg.), Immanuel Kant. Metaphysische Anfangsgründe der Rechtslehre, Berlin 1999, S. 235 ff.

Pogge, Thomas: Realizing Rawls, Ithaca/London 1989.

Pogge, Thomas: World Poverty and Human Rights. Cosmopolitan Responsibilities and Reforms, Cambridge 2002.

Pogge, Thomas: Is Kant's Rechtslehre a „Comprehensive Liberalism“?, in: Ellis, Elisabeth (Hrsg.), Kant's Political Theory. Interpretations and Applications, Pennsylvania 2012, S. 74 ff.

Poulsen, Frank Ejby: Anarchasis Cloots and the Birth of Modern Cosmopolitism, in: Cosmopolitism in a Wider Context. Conceptualizing Past and Present. Intetrnational Conference at Södertörn University/The Nobel Museum, Stockholm 24.–26. November 2011; abrufbar über researchgate.net, S. 87 ff.

Poulsen, Frank Ejby: A Cosmopolitan Republican in the French Revolution. The Political Thought of Anarchasis Cloots, European University Institute, Florenz 2018, abrufbar über rearchgate.net.

Puglierin, Jana: Realismus als IB-Theorie, in: Woyke, Wichard/Varwick, Johannes (Hrsg.), Handbuch Internationale Politik, 13. Aufl., Lizenzausgabe für die Bundeszentrale für politische Bildung, Bonn 2016, S. 394 ff.

Radbruch, Gustav: Rechtsphilosophie (1932), 8. Aufl., Stuttgart 1973.

Rademacher, Torsten: Kants Antwort auf die Globalisierung, Berlin 2010.

Raumer, Kurt von: Ewiger Friede. Friedensrufe und Friedenspläne seit der Renaissance, Freiburg/München 1953.

Rawls, John: Das Recht der Völker, Berlin 2002.

Reder, Michael: Globalisierung und Philosophie. Eine Einführung, Darmstadt 2009.

Rehbein, Boike/*Schwengel,* Hermann: Theorien der Globalisierung, 2. Aufl., München 2012.

Reinhard, Wolfgang: Geschichte der Staatsgewalt. Eine vergleichende Verfassungsgeschichte Europas von den Anfängen bis zur Gegenwart, München 1999.

Riedel, Manfred: Menschenrechtsuniversalismus und Patriotismus: Kants politisches Vermächtnis an unsere Zeit, in: Bayertz, Kurt (Hrsg.), Politik und Ethik, Stuttgart 1996, S. 331 ff.

Ripstein, Arthur: Force and Freedom. Kant's Legal and Political Philosophy, Cambridge/Massachusetts/London 2009.

Ripstein, Arthur: Kant and the circumstances of justice, in: Ellis, Elisabeth (Hrsg.), Kant's Political Theory. Interpretations and Applications, Pennsylvania 2012, S. 42 ff.

Risse, Thomas: Global Governance und kommunikatives Handeln, in: Niesen, Peter/Herborth, Benjamin (Hrsg.), Anarchie der kommunikativen Freiheit. Jürgen Habermas und die Theorie der internationalen Politik, Frankfurt/M. 2007, S. 57 ff.

Rohde, Christoph: Hans J. Morgenthau und der weltpolitische Realismus, Wiesbaden 2004.

Rohde, Christoph: Der Staat als Mythos und Religion: Hans Morgenthaus Kritik am nationalistischen Universalismus und Imperialismus, in: ders./Troy, Jodok (Hrsg.), Macht, Recht, Demokratie. Zum Staatsverständnis Hans J. Morgenthaus, Baden-Baden 2015, S. 73 ff.

Rohde, Christoph: Die Figur des Staatsmanns als Konstante, in: ders./ Troy, Jodok (Hrsg.), Macht, Recht, Demokratie. Zum Staatsverständnis Hans J. Morgenthaus, Baden-Baden 2015, S. 193 ff.

Rosa, Hartmut: Beschleunigung. Die Veränderung der Zeitstrukturen in der Moderne, Frankfurt/M. 2005.

Rosa, Hartmut: Beschleunigung und Entfremdung. Entwurf einer kritischen Theorie spätmoderner Zeitlichkeit, Frankfurt/M. 2013.

Rousseau, Jean-Jacques: Que l'État de guerre nait de l'État social (1758), in: ders., Oeuvres complètes, Bd. III, Paris 1964, S. 601 ff.

Rousseau, Jean-Jacques: Extrait du projet de paix perpétuelle de Monsieur L'Abbé de Saint-Pierre (1758/59), in: ders., Oeuvres complètes, Bd. III; Paris 1964, S. 563 ff.

Rousseau, Jean-Jacques: Auszug aus dem Entwurf eines fortdauernden Friedens des Herrn Abbé de Saint-Pierre (1758/59), in: ders., Friedensschriften, hrsg. und übersetzt von Michael Köhler, Hamburg 2009, S. 2 ff.

Rousseau, Jean-Jacques: Beurteilung des Entwurfs eines fortdauernden Friedens (1758/59), in: ders., Friedensschriften, hrsg. und übersetzt von Michael Köhler, Hamburg 2009, S. 82 ff.

Rousseau, Jean-Jacques: Vom Gesellschaftsvertrag oder Grundsätze des Staatsrechts (1762), hrsg. und übersetzt von Hans Brockard, Stuttgart 1977.

Rousseau, Jean-Jacques: Projet de la Constitution pour la Corse (1765), in: ders., Oeuvres complètes, Bd. III, Paris 1964, S. 901 ff.

Rousseau, Jean-Jacques: Considérations sur le Gouvernement de Pologne et sur sa Réformation projettee (1771/72), in: ders., Oeuvres complètes, Bd. III, Paris 1964, S. 951 ff.

Safranski, Rüdiger: Wieviel Globalisierung verträgt der Mensch?, München/Wien 2003.

Saint-Pierre, Abbé Charles-Iréné Castel de: Der Traktat vom ewigen Frieden (1713), hrsg. und mit einer Einleitung versehen von Wolfgang Michael, Berlin 1922.

Saint-Pierre, Abbé Charles-Iréné Castel de: Abrégé du projet de paix perpétuelle par le roi Henri le Grand, Rotterdam 1729.

Salewski, Michael: Geschichte Europas. Staaten und Nationen von der Antike bis zur Gegenwart, 2. Aufl., München 2004.

Saner, Hans: Kants Weg vom Krieg zum Frieden. Band 1: Widerstreit und Einheit. Wege zu Kants politischem Denken, München 1967.

Saner, Hans: Die negativen Bedingungen des Friedens, in: Höffe, Otfried (Hrsg.), Immanuel Kant. Zum ewigen Frieden, 3. Auflage, Berlin 2011, S. 29 ff.

Sassenbach, Ulrich: Der Begriff des Politischen bei Kant, Würzburg 1992.

Sauer, Frank/*Masala,* Carlo (Hrsg.): Handbuch Internationale Beziehungen, 2. Aufl., Wiesbaden 2017.

Scheuerman, William E.: Morgenthau. Realism and Beyond, Cambridge 2009.

Scheuerman, William E.: Globales Regieren ohne globale Staatlichkeit? Habermas und die postnationale Demokratie, in: Schaal, Gary S. (Hrsg.), Das Staatsverständnis von Jürgen Habermas, Baden-Baden 2009, S. 239 ff.

Scheuerman, William E.: The Realist Case for Global Reform, Cambridge 2011.

Scheuermann, Manuela: Die Vereinten Nationen. Eine Einführung, Wiesbaden 2014.

Schliesky, Utz: Souveränität und Legitimität von Herrschaftsgewalt. Die Weiterentwicklung von Begriffen der Staatslehre und des Staatsrechts im europäischen Mehrebenensystem, Tübingen 2004.

Schliesky, Utz: Das Ende des Staates? Zwischen „Staatsversagen“ und Staatseuphorie, Kiel 2016.

Schliesky, Utz: Funktionsverluste von Staatlichkeit – Vermessung des Gegenstandes, in: ders. (Hrsg.), Funktionsverluste von Staatlichkeit, Tübingen 2018, S. 5 ff.

Schliesky, Utz: Der demokratische Verfassungsstaat in Gefahr – Aktuelle Überforderungen der repräsentativen Demokratie und Wege zu ihrer Bewahrung, Kiel 2019.

Schliesky, Utz: Legitimität. Vergangenheit, Gegenwart und digitale Zukunft des Staates, Berlin 2020.

Schmitz, Thomas: Integration in der Supranationalen Union. Das europäische Organisationsmodell einer prozesshaften geo-regionalen Integration und seine rechtlichen und staatstheoretischen Implikationen, Baden-Baden 2001.

Schnädelbach, Herbert: Hegels praktische Philosophie. Ein Kommentar der Texte in der Reihenfolge ihrer Entstehung, Frankfurt/M. 2000.

Schuman, Frederick L.: Toward the World State, The Scientific Monthly 63 (1946), S. 5 ff.

Schuman, Frederick L.: The Commonwealth of Man. An Inquiry into Politics and World Government, New York 1952.

Schwarzenberger, Georg: Machtpolitik. Eine Studie über die internationale Gesellschaft, Tübingen 1955.

Sosoe, Lukas K.: Leibniz and European Cosmopolitism, in: Heidemann, Dietmar H./Stoppenbrink, Katja (Hrsg.), Join, or Die – Philosophical Foundations of Federalism, Berlin/Boston 2018, S. 41 ff.

Speer, James P.: Hans Morgenthau and the World State, World Politics 20 (1968), S. 207 ff.

Steiger, Heinhard: Frieden durch Institution. Frieden und Völkerbund bei Kant und danach, in: Lutz-Bachmann, Matthias/Bohamn, James (Hrsg.), Frieden durch Recht. Kants Friedensidee und das Problem einer neuen Weltordnung, Frankfurt/M. 1996, S. 140 ff.

Stelling-Michaud, Sven: Introduction: Écrits sur l'Abbé de Saint-Pierre, in: Rousseau, Oeuvres complètes, Bd. III, Paris 1964, S. CXX ff.

Stern, Selma: Anarchasis Cloots, der Redner des Menschengeschlechts, Berlin 1914.

Stoppenbrink, Katja: Schurkenstaaten und gerechter Krieg (§§ 13–14), in: Hahn, Henning/Mosayebi, Reza (Hrsg.), John Rawls: Das Recht der Völker, Berlin/Boston, S. 117 ff.

Streinz, Rudolf: Europarecht, 10. Aufl., Heidelberg 2016.

Sturm, Roland: Föderalismus in Deutschland, Berlin 2001.

Sturm, Roland/*Zimmermann-Steinhart,* Petra: Föderalismus. Eine Einführung, Baden-Baden 2005.

Stüwe, Klaus: Europas Einigung als Idee – William Penn und das Projekt der Europäischen Union, Der Staat 38 (1999), S. 359 ff.

Taylor, Charles: Hegel (1975), Frankfurt/M. 1983.

ter Meulen, Jacob: Der Gedanke der Internationalen Organisation in seiner Entwicklung, Erster Band. 1300–1800, Haag 1917.

ter Meulen, Jacob: Der Gedanke der Internationalen Organisation in seiner Entwicklung. Zweiter Band: 1789–1889 (1929), Haag 1968.

Thiele, Alexander: Der gefräßige Leviathan. Entstehung, Ausbreitung und Zukunft des modernen Staates, Tübingen 2019.

Tönnies, Sibylle: Cosmopolis Now. Auf dem Weg zum Weltstaat, Hamburg 2002.

Troy, Jodok: Die „Macht“ des Realismus in den internationalen Beziehungen, Zeitschrift für Politik 60 (2013), S. 414 ff.

Unruh, Peter: Der Verfassungsbegriff des Grundgesetzes. Eine verfassungstheoretische Rekonstruktion, Tübingen 2001.

Unruh, Peter: Die vernunftrechtliche Eigentumsbegründung bei Kant, in: Eckl, Andreas/Ludwig, Bernd (Hrsg.), Was ist Eigentum? Philosophische Eigentumstheorien von Platon bis Habermas, München 2005, S. 133 ff.

Unruh, Peter: Die Herrschaft der Vernunft. Zur Staatsphilosophie Immanuel Kants, 2. überarbeitete Aufl., Baden-Baden 2016.

van den Dungen, Peter: Introduction, in: William Penn, An Essay Towards the Present and Future Peace of Europe by the Establishment of an European Dyet, Parliament and Estates (1693), Hildesheim/Zürich/New York 1983.

Varwick, Johannes: Globalisierung, in: Woyke, Wichard/Varwick, Johannes (Hrsg.), Handbuch Internationale Politik, 13. Aufl., Lizenzausgabe für die Bundeszentrale für politische Bildung, Bonn 2016, S. 147 ff.

Vasilache, Andreas: Globalisierung, in: Voigt, Rüdiger (Hrsg.), Staatsdenken. Zum Stand der Staatstheorie heute, Baden-Baden 2016, S. 465 ff.

Verdross, Alfred/*Simma,* Bruno: Universelles Völkerrecht. Theorie und Praxis, unveränderter Nachdruck der 3. Aufl. von 1984, Berlin 2010.

Voigt, Rüdiger: Staatsrenaissance, in: ders. (Hrsg.), Staatsdenken. Zum Stand der Staatstheorie heute, Baden-Baden 2016, S. 489 ff.

Voltaire, François Marie Arouet: De la Paix perpétuelle. Par le docteur Goodheart, Paris 1769.

Vorländer, Karl: Kant und der Gedanke des Völkerbundes. Mit einem Anhang: Kant und Wilson (1919), Berlin 2015.

Vorländer, Karl: Immanuel Kant. Der Mann und das Werk, 2 Bände, Leipzig 1924.

Waltz, Kenneth N.: Man, the State, and War. A theoretical Analysis (1959), New York 2018.

Waltz, Kenneth N.: Theory of International Politics, Boston 1979.

Weis, Norbert: Königsberg. Immanuel Kant und seine Stadt, Braunschweig 1993.

Weiss, Thomas G.: What's Wrong with the United Nations and How to Fix it, Third Edition, Cambridge 2016.

Wendt, Alexander: Why a World State is inevitable, European Journal of International Relations 4 (2003), S. 491 ff.

Williams, Howard: Kant's Political Philosophy, New York 1983.

Windenberger, J.-L.: Essai sur le système de politique étrangère de J.-J. Rousseau. La République Confédérative des Petits États, Paris 1900.

Witschel, Laura: Von der Utopie zur Wirklichkeit. Die Europaidee des Abbé de Saint-Pierre und ihre Rezeption durch Jean-Jacques Rousseau, Marburg 2009.

Wolf, Klaus Dieter: Die UNO. Geschichte, Aufgaben, Perspektiven, 3. Aufl., München 2016.

Wood, Allen W.: Kants Entwurf zum ewigen Frieden, in: Merkel, Reinhard/Wittmann, Roland (Hrsg.), „Zum ewigen Frieden". Grundlagen, Aktualität und Aussichten einer Idee von Immanuel Kant, Frankfurt/M. 1996, S. 67 ff.

Wood, Allen W.: Ungesellige Geselligkeit: Die anthropologischen Grundlagen der Kantischen Ethik, in: Hüning, Dieter/Tuschling, Burkhard (Hrsg.), Recht, Staat und Völkerrecht bei Immanuel Kant, Berlin 1998, S. 35 ff.

Zachariä, Karl Salomo: Janus, Leipzig 1802.

Zolo, Danilo: Cosmopolis. Prospects for World Government, Cambridge 1997.

Zürn, Michael: Regieren jenseits des Nationalstaats. Globalisierung und Denationalisierung als Chance, Frankfurt/M. 1998.

Zürn, Michael: A Theory of Global Governance. Authority, Legitimacy, and Contestation, Oxford 2018.

Violetta L. Waibel (Hrsg.)

Die Rolle von Anschauung und Begriff bei Johann Gottlieb Fichte

Mit Kant über Kant hinaus

Immanuel Kant hat in der »Kritik der reinen Vernunft« von 1781 und 1787 die systematische Rolle von Anschauung und Begriff nachhaltig geprägt und neu festgelegt, um objektiv gültige Erkenntnis von Scheinwissen abzugrenzen. Johann Gottlieb Fichte, der 1790 nachweislich begann, Kants neue Theorie zu studieren, hat sich auf dessen erkenntnistheoretische Vorgaben ebenso eingelassen, wie er zugleich aufbrach, um in der »Grundlage der gesammten Wissenschaftslehre« von 1794/1795 und den Wissenschaftslehren danach die Rolle von Anschauung und Begriff bald bewusstseinsphänomenologisch, bald in einem spekulativen Denken neu zu erkunden. Kant ist es, dem Fichte zahlreiche philosophische Impulse verdankte und dessen Systematik er gleichwohl schon mit der Ausarbeitung der ersten Wissenschaftslehre hinter sich ließ. Dennoch gibt es wenige Denker, denen sich Fichte so häufig und mit so großer Wertschätzung zuwendete und noch in der Distanz einer gänzlich anderen Methode in der Sache nahe bleibt.

Begriff und Konkretion, Band 9
248 Seiten, 2021
ISBN 978-3-428-18352-4, € 79,90
Titel auch als E-Book erhältlich.

www.duncker-humblot.de